圆明园与大清兴衰

THE OLD SUMMER PALACE
AND THE RISE AND FALL OF THE
QING DYNASTY

郑艳——著

人民东方出版传媒
People's Oriental Publishing & Media
东方出版社
The Oriental Press

图书在版编目（CIP）数据

圆明园与大清兴衰 / 郑艳著. — 北京：东方出版
社，2022.8
ISBN 978-7-5207-2843-0

Ⅰ.①圆… Ⅱ.①郑… Ⅲ.①圆明园—历史②中国历
史—史料—清代 Ⅳ.①K928.73②K249.06

中国版本图书馆CIP数据核字(2022)第110394号

圆明园与大清兴衰
（YUANMINGYUAN YU DAQING XINGSHUAI）

作　　者：郑　艳
策　　划：姚　恋　李志刚
责任编辑：黄彩霞　李志刚
出　　版：东方出版社
发　　行：人民东方出版传媒有限公司
地　　址：北京市东城区朝阳门内大街166号
邮　　编：100010
印　　刷：北京联兴盛业印刷股份有限公司
版　　次：2022年8月第1版
印　　次：2022年8月第1次印刷
开　　本：787毫米×1092毫米　1/16
印　　张：16
字　　数：158千字
书　　号：ISBN 978-7-5207-2843-0
定　　价：68.00元
发行电话：（010）85924663　85924644　85924641

目　录

第四章

圆明园与第二次鸦片战争

第五章
重修圆明园与晚清政局

绪　论

　　一部圆明园的历史，就是一部浓缩的清史。圆明园是清代社会历史的产物，它的兴建、发展、辉煌、衰落与整个清代历史进程息息相关。可以说，圆明园是清代历史的缩影，我们可以从其曲折多变的历史乐章中，探寻清代历史嬗变跳动的音符。因此，以圆明园的历史为切入点，将圆明园置于清代历史大背景下来考察，对其历史作一总结性的研究，可将清中前期、晚期的历史连贯起来，从整体上把握清代历史的全貌，进而分析清代社会由盛转衰的历程，深化对清代社会历史的认识。

　　我国是一个具有悠久历史和灿烂文化的国家，而清代是我国传统文化发展的集大成时期。圆明园就是传统文化大树和清代特定文化土壤共同培育出来的奇葩。深厚的传统文化是造就圆明园独特文化品格的思想基础。同时，通过圆明园也可解读到我国传统文化的博大精深和主流价值观念。因此，探讨圆明园与传统文化的关系及其在 18 世纪中西文化交流史上的重要地位，发掘其文化内涵，可以深化对中华文化内核、清代文化特色的认识。

总之，圆明园的历史发展是立体的、多面的，笔者希望通过发掘它的历史和文化内涵，对清代历史和文化增添一点新的认识。这就是本书研究的意义。

学界对圆明园的研究，亦如圆明园本身的际遇一样，历经曲折和坎坷。回望研究的发展历程，总结其中的成绩和不足，至为必要。圆明园研究的发展呈现出阶段性，结合政治、社会生活中的大事，可分为五个阶段。

第一个阶段是 1709 年（圆明园建园）至 1860 年（圆明园被焚前）。在清代，已有人关注圆明园，但作为皇家禁苑，人们对它的了解只能从官书记载中得知。吴振棫的《养吉斋丛录》和吴长元的《宸垣识略》对圆明园的描述取材于乾隆时的官方文献《日下旧闻考》，主要记载其景致，未能提高到研究的高度。

第二个阶段是 1860 年至 20 世纪 20 年代末期。这一阶段是寂寞无人问津时期。从 1860 年的被焚到 20 世纪 20 年代末的 60 多年中，鲜有人论及圆明园。对它的记载仅有几篇游记，包括王闿运的《圆明园词》、谭延闿的《圆明附记》。此外，还有许指严的小说《圆明园总管世家》和陈文波的《圆明园残毁考》。

第三个阶段是 20 世纪 20 年代末期至中华人民共和国成立。

这一阶段是史料的初步发掘整理和研究的起步阶段。20世纪30年代到40年代，中国营造学社、国立北平图书馆、故宫博物院文献馆相继整理出一批有关圆明园的史料，发表于《中国营造学社汇刊》、《国立北平图书馆馆刊》、《史料旬刊》、《文献丛编》和《文献专刊》。在专题研究方面，最有学术价值的是刘敦桢先生的《同治重修圆明园史料》和崇贤的《圆明园营志详考》。

第四个阶段是中华人民共和国成立至20世纪80年代初期。这一阶段是研究的沉寂时期。在这一时期，圆明园研究一度步入沉寂，除了王威的《圆明园》、王崇武的《英帝国主义者抢劫圆明园文物罪行录》、陈庆华的《圆明园》外，很少有文章论及圆明园。王威的《圆明园》结束了圆明园研究无专著的历史。但是，该书略嫌简略，对很多问题没有进行深入研究。

第五个阶段是20世纪80年代初期至今。这一阶段是圆明园研究百花齐放的时期。"文化大革命"结束，圆明园获得了新生。圆明园的研究也随之翻开了新的一页，取得了丰硕的成果。在史料整理方面，有中国圆明园学会主编的大型丛刊《圆明园》、第一历史档案馆整理出版的档案史料集《圆明园》、舒牧等主编的《圆明园资料集》、王道成主编的《圆明园——历史·现状·论争》和《圆明园重建大争辩》等。在专著方面，主要有何重义、曾昭奋的《一代名园圆明园》，张恩荫的《圆明园变迁史探微》，孙若怡的《圆明园西洋楼景区的园林建筑与精致文化》，郭黛姮的《远逝的辉煌——圆明园建筑园林研究与保护》，贾珺的《圆明园造园艺术探微》，李博、徐忠良的《圆明园流散文物考录》，汪荣祖的《追寻失落的圆明园》，王道成的《圆明园研究四十年》，等等。他们的研究视角各异，卓有建树，从不同维度丰富和深化了圆明园研究。何瑜的论文《圆明园始建之年考辨》《圆明五园之一春熙院遗址考辨及其他》《清代绮春园沿革辨析》，对圆明园建园年代、春熙院具体位置、绮春园发展沿革的研究取得了重大突破。

综观以往的圆明园研究和著述，成绩是可观的，但也存在遗憾，主要体现在以下几个方面：

（一）以往的研究往往就园林谈园林，就圆明园论圆明园，没有把圆明园放到清代皇家园林体系中、清代历史大背景下以及中西文化交流中来考察，缺乏历史感和立体感。

（二）缺少有深度的研究。学术著作不多，多为史话类的园史科普读物或爱国主义教育读物，需要更具深度的研究。

（三）在诸多问题上，学界虽有涉及，但语焉不详，或深度不够，或意见分歧。比如，英军焚毁圆明园的真实原因、重修圆明园与同治末年政治风波的关系等问题，有待进一步探索和研究。

本书以唯物史观为指导，将研究时段局限为康熙四十八年（1709年）圆明园建园至宣统三年（1911年）清王朝灭亡这一历史阶段，侧重从历史和文化的角度，而不是从建筑和园林的角度，对圆明园所蕴含的历史和文化内涵作宏观、系统的考察，以便更好地把握圆明园在清代历史、文化中的重要地位。

本书跳出圆明园看圆明园，将它置于清代皇家园林体系中和清代历史大背景下考察，探讨圆明园在清代历史中的地位和作用，进而分析清代历史的嬗变过程；着力于某些前人涉猎甚少的领域的研究，如圆明园与其他清代皇家园林的关系、圆明园与中西文化的关系等，力求拓宽圆明园研究的视域；深耕于某些具体问题的研究，辨析"三山五园"这一称谓的来由、英军焚毁圆明园的真实原因、重修圆明园与同治末年政治风波的关系等争议性问题。

全书共五章，第一章将圆明园置于"康乾盛世"历史背景下来考察，揭示圆明园产生、发展、全盛的社会背景。第二章将圆明园置于北京西郊"三山五园"皇家园林体系中来考察，以突出它独特的政治地位和作用。第三章主要探讨圆明园与中国传统文化的关系以及它在18世纪中西文化交流史上的重要作用，以挖掘它的文化内涵，展现清代文化的特色和18世纪中西文化交流互动的特殊方式、途径和成效。第四章主要就有关圆明园被焚掠的几个具体问题，包括谁先抢掠圆明园、英军焚毁圆明园的真实原因等作一番考证。第五章通过考察同治光绪年间围绕圆明园的是否修复而产生的是是非非，探讨工程与晚清政局、工程与政治斗争间的复杂关系，以透析晚清宫廷权力斗争以及晚清政局的风云变幻。

圆明园的研究必然涉及诸多相关学科领域，本书兼采建筑学、园林学、美学、文化学等相关领域的研究方法来从事研究。因此，在研究方法上，注重宏观和微观的结合，而不是将重点置于考察圆明园发展和建设过程中诸多关涉建筑和园林的技术性问题。对圆明园中诸多景区、景点的建设等具体细节问题，也不作过多论述。如果有些问题需要从建筑和园林的角度来阐释，在本书中也不是重点，而是坚持淡笔铺写的原则，使其不至于冲淡全书的基调。

第一章

圆明园与康乾盛世

国家统一、政局稳定、经济繁荣、国力强大、文化昌盛是"盛世"的本质特征。康乾时期，就出现了这样一段长达百余年繁荣而稳定的历史时期，史称"康乾盛世"。举世闻名的圆明园就产生、发展于这一繁盛的历史大背景下。它的兴建，与盛世息息相关。它是盛世到来的象征，是盛世文明的产物。随着盛世的发展，它同时也走向辉煌的顶峰。圆明园的建成，反映了盛世的实质内容，成为清王朝国力鼎盛的历史标识。

第一节
清初 [①] 的社会经济状况和宫室园林建设

清初是中国社会历史上较为动荡的时期。时局动荡、经济凋敝、民生困苦是当时社会的特点。一般来说，宫室园林建设是以安定的社会环境、雄厚的经济实力、优秀的文化积淀为依托的。当时的社会现实无法提供这些必要的条件。因此，统治者无暇且无力经营土木，更谈不上追求山水之乐，只能逐步修复明代大内宫室和沿用明代苑囿以备政务和生活之需。

一、清初的社会经济状况

苑囿建设与政局关系非常密切，但清初动荡的时局不能为宫苑建设营造稳定的社会环境。

政治动荡是清初时局的主要特点。清王朝定鼎北京后，面对的是四分五裂的割据状态。为迅速消除分裂割据，统一全国，必然要进行无数次的征伐。顺治二年（1645 年）五月，清王朝剿灭最具威胁的李自成大顺农民起义军，之后又把进攻矛头指向南明政权。顺治二年（1645 年）、三年（1646 年）、四年（1647 年）、

① 清初的时间段限为顺治元年（1644 年）入关至康熙二十三年（1684 年）收复台湾。

十八年（1661年），相继摧毁了南明四个小朝廷：弘光、鲁监国、隆武、永历。其中永历政权（1646—1661年）在云贵地区坚持了十余年，几乎与顺治一朝相始终。这种为国内统一而进行的战争直至康熙二十年（1681年）削平三藩、康熙二十三年（1684年）收复台湾后才落下帷幕。

可见，清初新王朝主要的任务就是为坐稳江山而进行征战，扫平割据势力，实现大一统。连年战事使得顺治、康熙两帝无心亦无力于苑囿建设。待大乱戡定、全国统一后，康熙帝随即于康熙二十三年首次南巡，乐江南湖山园亭之美，回京后即在北京西郊构筑了清代第一座皇家园林——畅春园。从康熙中叶开始，政局稳定的清王朝开始稳步步入盛世，随之营筑了大批苑囿。

皇家造园不仅需要稳定的社会环境，而且需要强大的经济作后盾，但清初的国家财政尚不能为园林建设提供必备的经济支持。

明末以来大规模的战乱、水旱频仍的自然灾害使整个社会生产遭到严重破坏，经济处于凋敝状态。为了争取财政经济状况的好转，清政府吸取汉族统治的经验，实行与民休息的政策，采取了一系列恢复经济的措施。顺治元年（1644年），提出了"省刑罚"和"薄赋敛"两大政策。顺治三年（1646年）谕户部，"国计民生，首重财赋，明季私征滥派，民不聊生，朕救民水火，蠲者蠲，革者革，庶几轻徭薄赋，与民休息"①。并且，开始整顿赋役制度，编订《赋役全书》，增加财政收入。顺治三年，"谕户

---

① 《清世祖实录》卷二十五，顺治三年四月壬寅。

部稽核钱粮原额，汇为赋役全书"①。顺治十一年（1654年）又"命户部侍郎王宏祚重订赋役全书"②，使各地征收赋税时有章可循，从而稳定了国家的财政收入。

这些政策和措施的施行，对农业生产的恢复和经济的复苏起着关键作用，缓解了清初严重的财政危机。尽管如此，"终世祖之世，岁支常浮于入"③，仍是不争的事实。在户部和各级官吏的奏报中，"国赋不足，民生困苦""入不敷出"的声音不绝于耳。

顺治八年（1651年），顺治皇帝召见户部尚书巴哈纳等询问各级官吏俸禄发放情况："需用钱几何，应于何月支给，大库所存，尚有若干？"巴哈纳奏道："俸银支于四月，共需六十万两，今大库所存，仅有二十万两。"④官吏俸银的发放关系到国家机构的正常运转。无奈之下，顺治帝只得拨取内库银两发放，并感慨道："夫各官所以养赡者，赖有俸禄耳，若朕虽贫，亦复何损！"⑤举国库之所有，仅够官吏俸银开支的三分之一。国家财政困绌情形可见一斑。

顺治九年（1652年）八月，礼科给事中刘余谟在《敬陈开垦方略疏》中说："钱粮每岁入数一千四百八十五万九千余两，出数一千五百七十三万四千余两，现在不敷银八十七万五千余两。"⑥

---

① 《清史稿》卷一百二十一志九十六《食货》二。
② 王庆云：《石渠余纪》卷三，北京古籍出版社1985年版，第136页。
③ 王庆云：《石渠余纪》卷三，北京古籍出版社1985年版，第136页。
④ 《清世祖实录》卷五十五，顺治八年三月癸未。
⑤ 《清世祖实录》卷五十五，顺治八年三月癸未。
⑥ 刘余谟：《敬陈开垦方略疏》，见《皇清奏议》卷四。

顺治十一年六月，户部查明库存银两，收支相抵，"计不敷银四十一万五千六百两零"[①]。

可见，顺治一朝，清政府的财政状况是"一岁所入，不足供一岁之出"[②]，不可能为苑囿建设提供物质基础。

康熙亲政后，于康熙八年（1669年）颁布了重要的农业政策——更名田，并采取了兴屯垦荒等一系列措施，使得国家经济状况有所好转，但国库储备并不宽裕。康熙六年（1667年），部库存积银仅有248万余两。康熙十二年（1673年）户部积存银为2135万余两。但康熙十二年开始长达八年的平定三藩之乱，耗费了大量的库银。到康熙十六年（1677年），国库余存仅530万余两。康熙十七年（1678年）更是下降到333万多两。[③]直到三藩平定后，清政府的财政收入才日益充裕。"自康熙二十年后……海内始有起色。"[④]康熙二十五年（1686年），国家储备达2605万余两。康熙三十年（1691年）达3184万余两。兴工于康熙二十三年（1684年），告成于康熙二十九年（1690年）的畅春园即在国家财政渐有积余的情况下创建。

清初，文化的恢复处于起步阶段。园林作为一种蕴含人文精神的独特文化产品，其破坏后的复兴尤需时日。江南官僚文人园林在明末以来接连不断的兵燹中遭到破坏。此时，皇家苑囿的兴建

① 《清世祖实录》卷八十四，顺治十一年六月癸未。

② 王庆云：《石渠余纪》卷三，北京古籍出版社1985年版，第136页。

③ 参见法式善：《陶庐杂录》卷一，中华书局1959年版。

④ 陆陇其：《论直隶兴除事宜书》，见《清经世文编》卷二八。

尚不具备必备的经济实力。私家园林的重建则更需相当长的一段时间，原因有二：一是园主人经济实力不允许；二是明清鼎革的历史巨变使文人士大夫无法醉心于园林构筑。这种状况使得整个社会缺少造园的风气和文化氛围。

袁枚《〈扬州画舫录〉序》中生动地描述反映了作为文化载体的园林复苏之缓慢。"记四十年前，余游平山，从天宁门外，挖舟而行，长河如绳，阔不过二丈许，旁少亭台……自辛未岁天子南巡，官吏因商民子来之意，赋工属役，增荣饰观，奢而张之……其壮观异彩，顾、陆所不能画，班、扬所不能赋也。"①

袁枚的这篇序写于乾隆五十八年（1793 年），他所说的 40 年前，应在乾隆十八年（1753 年）左右。由此可知，乾隆初年，园林文化发达的江南地区仍然园亭稀少，在乾隆十六年（1751 年）首次南巡的带动下，才复兴进而繁盛。可见，清初动荡的时局无法营造园林兴建所需的文化氛围，人们对园林文化的追慕处于缺失状态，造成园林构建缺少精神支持的局面。如果人们失去追求园林雅趣的情致，园林的发展必然无从谈起。这就是清初皇家、私家造园活动相对停滞的重要原因之一。乾隆年间则不然，大江南北兴起造园热潮，尤其是江南地区，风气盛行一时，不仅推动了私家园林的发展，而且对皇家园林的发展影响极大。

---

① 袁枚：《〈扬州画舫录〉序》。

二、清初的宫室园林建设

虽然清初特定的历史环境不允许统治者大兴土木，但并不意味着在宫苑建置方面没有任何举动，不过，相对乾隆年间频繁的土木建设而言，规模较小。总体来说，清初基本上沿用明代宫室、坛庙、城池、苑囿，"以修复明代规模为事"[①]，创建颇少。

李自成离开北京时，明代宫室大多焚毁。满族入京，荒凉满目。所以，清初宫室建设就是恢复明代原貌。此项工作直到康熙二十五年（1686 年）才告成。

顺治一代，修复宫室"首重观瞻"[②]。首先修复国家政事活动场所，其次修复帝后生活起居场所。顺治二年（1645 年），先建乾清宫，"以定宸居"[③]；顺治三年（1646 年），建太和门、太和殿、中和殿、体仁阁、宏义阁、位育宫、协和门、雍和门、贞度门、昭德门，"以奠外朝"；顺治四年（1647 年），修建午门；顺治五年（1648 年），又建太庙于外朝；顺治八年（1651 年）修建天安门，"以重观瞻"；顺治十年（1653 年），建慈宁宫以侍奉太后；顺治十二年（1655 年），重建乾清宫、交泰殿、坤宁宫，同年又重建景仁、承乾、钟粹东三宫以及永寿、翊坤、储秀西三宫，以供妃嫔居住；顺治十四年（1657 年），建奉先殿于内廷，以奉祀祖先。

---

① 朱偰：《明清两代宫苑建置沿革图考》，北京古籍出版社 1990 年版，第 87 页。
② 朱偰：《明清两代宫苑建置沿革图考》，北京古籍出版社 1990 年版，第 86 页。
③ 朱偰：《明清两代宫苑建置沿革图考》，北京古籍出版社 1990 年版，第 86 页。

这些修缮活动针对最为急需的政务活动和生活起居必备而进行。明代雄伟壮丽的宫室修复尚未及半。即如朱偰先生所说："盖工有先后，事有缓急，不得不尔。"①

由于经济困难，这些修复工程极少一举而就，而是修修停停，历时长久。譬如，清代帝王日常办公场所——乾清宫，顺治二年开始动工，直到康熙八年（1669年）才彻底告成，其间颇多曲折。

顺治十年，户科给事中周曾发请求暂缓乾清宫工程，因为兴工数月以来，先是先农坛门被雷电击毁，后来各地阴雨连绵，庄稼遭殃，房屋倒塌。他认为，出现天灾人祸，是因为"皇上有事于土木，而天心示儆匪一端"②。因此，请求暂停工程。

周曾发以天象示警为由婉言劝谏停止工程。下面两则停工请求则直陈经济拮据、民生困苦。同年七月，都察院承政屠赖请求暂缓工程，并撤销管理工程的司礼监衙门。郑亲王也传集诸王贝勒及部院堂上官会议，"以雨潦异常，请暂停殿工，以钱粮赈济军民"③。顺治帝答应停工请求。

直到顺治十二年，重修才提上日程。顺治十二年正月，谕议政王、贝勒、大臣、九卿："去岁欲修造乾清宫，念被水灾民，方加恩恤，是以未即兴工。今正宫为后妃所居，朕无治理政务之所，因居便殿视事。现在应否修造，著会议具奏。"④会议的结果是：

---

① 朱偰：《明清两代宫苑建置沿革图考》，北京古籍出版社1990年版，第86页。
② 蒋良骐：《东华录》（顺治朝）卷七，中华书局1980年版，第113页。
③ 蒋良骐：《东华录》（顺治朝）卷七，中华书局1980年版，第114页。
④ 《清世祖实录》卷八十八，顺治十二年正月甲午。

"今年应即行修造，否则所储木料，为雨水浸坏，縻费愈多。"①

康熙即位后，修复宫殿，力求完备。康熙六年（1667年）重建端门；八年（1669年）重建太和殿，重修乾清宫；十二年（1673年）重建交泰殿、坤宁宫、景和门、隆福门；十八年（1679年）重建奉先殿，都是继续顺治时期的修建工作；二十一年（1682年）建成咸安宫；二十二年（1683年）重建启祥宫、长春宫、咸福宫、文华殿、体仁阁、集义殿；二十五年（1686年）重建延禧宫、永和宫、景阳宫。由此，明代宫室旧有规模才算完全修复。此外，康熙十八年兴建毓庆宫、惇本殿，则已经超出前代规模。宫殿的完全修复反映了康熙初期国家财政经济的好转，表明皇家宫室的兴建与国家财政状况的紧密关系。

清初以修复明代宫室为主，对苑囿兴建无力着手。但崛起于白山黑水之间的清统治者自幼驰骋于山野丛林中，对大自然有着天生的热爱，进入北京后，极不习惯规制森严的深宫生活和暑热难当的夏日，于是准备择地筑城避暑。

顺治七年（1650年）七月，摄政王多尔衮发布筑城避暑的谕令："京城建都年久，地污水咸，春秋冬三季，犹可居止，至于夏月，溽暑难堪，但念京城乃历代都会之地，营建匪易，不可迁移，稽之辽、金、元曾于边外上都等城为夏日避暑之地，予思若仿前代造建大城，恐縻费钱粮，重累百姓，今拟止建小城一座，

① 《清世祖实录》卷八十八，顺治十二年正月甲午。

以便往来避暑。"①但当时国力支绌，只得谕令户部加派直隶、山西、浙江、山东、江南、河南、湖广、江西、陕西九省地丁银249万余两，"输京师备工用"②。并且，鼓励官民急公好义，踊跃"捐助钱粮"③，凡捐助之人，可酌量恩叙。同年十二月，多尔衮病死于喀喇城，修筑避暑小城之议搁浅。

顺治帝遂将明代苑囿——南苑略加修葺，"用备蒐狩"，"春蒐冬狩，以时讲武。恭遇大阅，则肃陈兵旅于此"④。可见，沿用明代苑囿的目的不是游乐，而是讲求武备，阅兵操练，保持满洲擅长骑射、英勇好武的军事传统。另一处明代游览胜地玉泉山（注：非明代皇家苑囿）于顺治十三年（1656 年）与南海子（南苑）并隶奉宸院。⑤顺治帝不过偶尔前往游览，并未特别加以修葺。康熙十四年（1675 年），康熙帝才临幸玉泉山观禾。康熙十六年（1677 年）在香山寺旧址上建行宫。康熙十九年（1680年）又在玉泉山建行宫，易名为澄心园。从此，康熙帝才开始经常驻跸西山，以资游憩。

总之，清初处于大动乱之后恢复和发展的关键阶段。一方面，动荡的政局、入不敷出的国家财政、缓慢复兴的园林文化是皇家园林建设相对停滞的重要原因。另一方面，恢复和发展中的经济

---

① 《清世祖实录》卷四十九，顺治七年七月乙卯。
② 《清史稿·列传五》卷二一八，第 9031 页。
③ 《清世祖实录》卷四十九，顺治七年七月乙卯。
④ 《日下旧闻考》卷七十四，第 1231—1232 页。
⑤ 《清史稿·职官五》卷一一八，第 3436 页。

和文化，为"盛世"的出现和皇家苑囿建设高潮的到来打下物质和精神的基础。

第二节
圆明园与康乾盛世

经历清初的动荡，康熙中叶，国家进入大治的新时期，开始步入我国封建社会历史上又一发展的高峰时期——康乾盛世。盛世下的中国，国家统一，社会安定，经济繁荣，文化辉煌，为圆明园的兴建及皇家造园高潮的到来提供了良好的社会环境、坚实的物质基础和丰厚的精神底蕴。

一、圆明园兴起的社会环境

康熙前期，虽已荡平三藩之乱，平定台湾，但仍存在诸多不安定因素，国内阶级矛盾和民族矛盾尖锐，国外沙俄侵略者和西方势力虎视眈眈，威胁着清王朝的安全。为了巩固国家统一，扫除"内忧外患"，建立强有力的中央政权，康熙、雍正、乾隆三帝，采取坚强措施，铲除分裂和侵略势力，建立起一个地域广阔、大一统的多民族封建大帝国。清廷先后平定了噶尔丹、策妄阿拉布坦、罗卜藏丹津、噶尔丹策零、阿睦尔撒纳、大小和卓木、西藏农奴主、大小金川土司等的叛乱；在西南地区推行改土归流，在蒙古、青海、新疆、西藏等地区实行一系列改革，加强了对西北西南地区的统治；在东北地区，康熙时期两次击败沙俄侵略军，签订了《尼布楚条约》，雍正朝继续就边界问题与沙俄谈判，签订了《布连斯奇条约》《恰克图条约》，勘定了中俄边界，保证了我国北部、东北边疆一个多世纪的安宁。通过一系列平定国内叛乱、反抗外来侵略的斗争，到乾隆中期，我国统一的多民族国家进一步巩固和发展，真正实现了"大一统"。我国的疆域北达外兴安岭和贝加尔湖，南尽南沙群岛，东至库页岛，东南达台湾及其属岛钓鱼岛，西北跨越葱岭和巴尔喀什湖。在这片辽阔的土地上，直至鸦片战争前，清政府一直维持着有效的管辖和有力的统治，从而奠定了我国今天版图的基础。这是我国封建社会历史上前所未有的。

园林建设不仅耗费巨额财力，而且需要稳定的社会环境作后盾，皇家苑囿的兴建更是如此。圆明园兴起于康熙中叶，发展于雍正时期，全盛于乾隆中期，它自初创到辉煌长达百余年的发展史几与康乾盛世同步。像圆明园这样一座规模宏大、营建长久的皇家离宫的建设，离开了一统天下的安定社会环境，是无从论及的。正是鼎盛王朝的大一统天下，才使圆明园获得了稳步迈向辉煌的历史环境。

圆明园兴建于清王朝的鼎盛时期。此时，国家统一，政治稳定，封建专制君主集权已经发展到了中国封建社会的顶峰。君主乾纲独断，绝不允许大权旁落。加之康、雍、乾三帝雄才大略，勤于政事，励精图治，始终将君权牢牢掌握在手，杜绝了历史上宰相擅权、母后干政、外戚篡夺、宦官横行、地方割据等种种政治弊端，创造了一个政治稳固而清明的时代。康熙时虽然设立南书房，但只供皇帝咨询和顾问，举凡朝廷中需经他批示的，必须由他一手阅批，"断不假手于人"[①]。雍正皇帝更是将权力总揽于一身，虽设军机处，只不过是他的秘书班子，凡事绝对听命于皇帝，没有丝毫独立的决策权、行政权，"只供传述缮撰，而不能稍有赞画于其间"[②]。乾隆皇帝曾说："朝纲独断，乃本朝家法。自皇祖、皇考以来，一切用人听言，大权从无旁假。"[③]又说："朕亲阅本章，折中酌定……皆非阁臣所能参与。"[④]可见，康乾时期专制政治体制在不断加强，不断完备。

君权的神圣不可侵犯不仅在国家政治生活中得到体现，而且还渗透到包括皇家园林建设在内的君主个人生活的各个层面。君权的独断性在皇家苑囿建设上表现在以下两个方面。

第一，君权的绝对独断，使皇帝在苑囿兴建上拥有绝对自主权，保证了工程建设的连续性。

清初，专制政治体制不完备，君权受到其他政治力量的牵制，即便在宫殿园林兴建方面也是如此。如前所述，顺治十年（1653

---

① 《清圣祖实录》卷二六五，康熙五十四年十月丙寅。
② 赵翼：《檐曝杂记》卷一，中华书局 1982 年版，第 3 页。
③ 《清高宗实录》卷三二三，乾隆十三年八月辛亥。
④ 《清高宗实录》卷九三六，乾隆三十九年七月壬申。

年），由于水涝灾害严重，乾清宫修复工程因而暂停。但皇帝没有办公理政场所，顺治十二年（1655 年），顺治帝提出重修，并咨议于议政王、贝勒、大臣、九卿，"现在应否修造，著会议具奏"。根据会议的结果，工程才得以重新开工。可见，受到掣肘的君权在宫苑建设上没有绝对的决定权，使得宫苑建设不能一气呵成，不能保证施工和建设的连续性。

康乾时期则不然，皇帝提出"宫中府中，界限分明"，外廷甚至无由与闻内廷建设经费，遑论从中干预。外臣即便对土木兴建偶有微词，皇帝也是置之不理。

乾隆初年，圆明园刚刚扩建时，即有言官极力谏阻。乾隆五年（1740 年），左金都御史刘藻奏言："本年春夏间，见圆明园木石等工，兴作未息。在皇上不过于园亭旧处，少加补葺，且给繇不出于民力，取赀无损于府库。其视前代人君，兴得己之役，饰台榭之观者，度越何啻万万。但奢靡之渐，不可稍开，侈荡之源，不可不杜……乞我皇上鉴于前古，慎始虑终，为天地惜物力，为国家培元气。今时届岁底，工作或可告竣者，来岁诸工可停者酌停之，必不可停者酌减之。"[1]乾隆皇帝根本听不进这些谏言，但即位之初不便得罪言官，只好表白道："即圆明园临驻之地，亦一仍皇考旧规，并未别有营造，以蹈土木繁兴之戒。"[2]他承认自己"一时游览之娱，不能自克"。表面上，他对刘藻的谏言加以

---

① 《清高宗实录》卷一二九，乾隆五年十月丙辰。
② 《清高宗实录》卷一二九，乾隆五年十月丙辰。

表扬，"此语深获朕心"。实际上，土木之工不仅丝毫未减，反而以更大的规模进行。扩建完圆明园后，乾隆十年（1745年）继续在园子的东面新建长春园，后又经营绮春园。

可见，高度专制的君权保证了圆明园工程建设的连续性，使圆明园得以持续发展，稳步走向辉煌。

第二，君权的绝对独断，保证了工程质量的精良。

皇家苑囿的主人是皇帝，从立意、造景、细部装修以至匾额楹联的题写，都以皇帝的喜好为中心，设计师和匠师不过是秉承皇帝的旨意行事。从中国第一历史档案馆保存的有关圆明园的上谕、国家图书馆保存的"样式雷"家藏有关圆明园的档案资料以及乾隆有关圆明园的御制诗文，可以看出圆明园的总设计师是乾隆。不论是设计中国园林的"样式雷"，还是设计西洋楼的外国传教士郎世宁、蒋友仁、王致诚等，都不过是乾隆旨意的执行者。乾隆皇帝自幼浸润于中国传统文化中，对传统文化造诣颇深。他能写诗、填词、作文、绘画，书法也有一定的水平，具有相当高的文化修养和艺术鉴赏能力。对于造园艺术，他也有精辟的见解。自然，他的造园思想及其具体实施不容许有任何忤逆之处。在工程开工前，工部和内务府要根据皇帝的意见，做施工前的设计。"先进烫样，样不过数尺，而山池楼榭，高下向背，无不毕具。有不惬意，则改易之。阅定而后兴工"①。施工过程中，亦根据皇帝的意见随时变更，不容稍许违背或出现差错。在有关圆明园的

① 吴振棫：《养吉斋丛录》卷十八，北京古籍出版社2005年版，第233页。

档案史料中，上自总管内务府大臣、承办大臣、监修大臣，下至普通工匠，因为施工不合圣意而被罚俸和责令赔修、补修的比比皆是。可以说，专制君权保证了工程质量的精良。

可见，康乾时期，皇帝在苑囿建设上拥有绝对的自主权。君权的独断保证了以圆明园为代表的皇家园林建设的连续性和质量的精湛性。康乾时期，皇家造园活动的长盛不衰与此关系甚大。

二、圆明园兴起的物质基础

历来的皇家造园都是国家一项浩大的土木工程，其耗费国帑之巨、投入人力物力之多，是私家造园难以望其项背的。崛起于康乾盛世的圆明园是清代北京地区规模最大的皇家园林，经营达150年之久，其营建耗费的资财无以计数，没有雄厚的国家财力作后盾是无法想象的。康乾盛世是我国封建社会生产力发展水平较高的一个盛世。当时经济繁荣，财富丰厚，尤其是代表国家经济实力、与皇家园林兴建息息相关的国库储备非常充足，为圆明园等皇家苑囿的兴建提供了坚实的物质基础。以下对康乾时期的国库储存作一分析，以直观地描述盛世的经济情况，进而分析国力强盛与苑囿建设的紧密关系。作者主要依据法式善的《陶庐杂录》，绘制了康、雍、乾三朝有代表性年代户部银库积存银两数目表（见表1、表2、表3）。

表 1　康熙朝户部银库积存银两数

年　代	数　量（两）
六年（1667 年）	2 488 492
十二年（1673 年）	21 358 006
十七年（1678 年）	3 339 920
二十五年（1686 年）	26 052 735
三十年（1691 年）	31 849 719
三十五年（1696 年）	42 628 989
四十二年（1703 年）	38 368 105
四十七年（1708 年）	47 184 788
五十九年（1720 年）	39 317 103
六十年（1721 年）	32 622 421

表 2　雍正朝户部银库积存银两数

年　代	数　量（两）
元年（1723 年）	23 711 920
二年（1724 年）	31 627 608
三年（1725 年）	40 434 744
四年（1726 年）	47 409 780
五年（1727 年）	55 252 933
六年（1728 年）	58 235 780
七年（1729 年）	60 248 747
八年（1730 年）	62 183 349

年代	数量（两）
九年（1731 年）	50 373 953
十年（1732 年）	44 392 848
十一年（1733 年）	37 933 743
十二年（1734 年）	32 503 428
十三年（1735 年）	34 530 485

表 3　乾隆朝户部银库积存银两数

年代	数量（两）
元年（1736 年）	33 959 624
十年（1745 年）	33 170 655
二十年（1755 年）	42 997 048
三十年（1765 年）	60 336 375
三十三年（1768 年）	71 823 888
三十六年（1771 年）	78 940 001
三十九年（1774 年）	73 905 610

从表 1、表 2、表 3 中可以看出，康熙初年，国库储存仅为 200 余万两，实行"更名田"后，国库收入增加，但三藩叛乱期间，国库收入在 300 余万两到 500 余万两之间徘徊。直至叛乱平定，府库收入才逐年增加。康熙中晚期，库存基本保持在三四千万两的水平。康熙晚年，理政疏阔，钱粮亏空严重。到康熙六十一年

（1722 年），户部库存仅 800 余万两。^①雍正时，财政好转，积累渐增达到 6000 余万两，自西北用兵，动支大半。到乾隆即位之初，部库只有 3000 余万两积存，乾隆前期基本保持在 3000 万两左右。通过几十年的休养生息，府库渐次充实，到乾隆中叶，库存再次突破 6000 万两，并每年增加，乾隆三十六年（1771 年）达 7800 余万两，相当于乾隆元年（1736 年）两年多的财政收入，乾隆末年基本保持在这个水平。可见，当时国家的财政是相当富裕的，"是为国朝府藏之极盛"^②。

康乾时期，我国封建经济达到了极盛。虽然治河、战争、蠲免等花费了大量银子，但国库仍然充盈。康熙、雍正、乾隆考虑将财富散之民间，提出了"藏富于民"的思想。

康熙帝首先提出"藏富于民"的思想。"夫民为邦本，足民即以富国。朕平日躬行节俭，一丝一粟未尝轻费，所以如此简约者，无非爱养物力，为优恤元元之地……迩年国用少裕，故能频沛恩施，总期藏富于民，使家给人足，则礼让益敦，庶渐臻雍穆之治。"^③雍正帝也认为国用充裕，宜"藏富于民"。他说："国家经费既敷，则藏富于民，俾各家给而人足，乃朕之至愿也。"^④乾隆认为，"泉货本流通之物，财散民聚，圣训甚明，与其聚之于

① 魏源：《圣武记》卷十一，中华书局 1984 年版，第 473 页。
② 魏源：《圣武记》卷十一，中华书局 1984 年版，第 473 页。
③ 《清圣祖实录》卷一三九，康熙二十八年正月癸巳。
④ 《清世宗实录》卷九十八，雍正八年九月甲申。

上，毋宁散之于下，且在官多一分，即在民少一分，显而易见"①，
"与其聚财于上，毋宁藏富于民"②。"藏富于民"是康、雍、乾
三朝君主共同的经济思想。

　　一般认为，"藏富于民"的途径无非是蠲免赋税、兴修水利
等。其实，康乾盛世的大兴土木也是"藏富于民"和散财的主要
方法。明代，"一切工作，俱派民间"③，人民无偿为朝廷服务，
受到深重盘剥，更不用说"藏富于民"。清代则不同，无论大小
兴作，采办物料，按时价购买，雇用民夫，均给予报酬，即"物
给价，工给值"④。康熙时候，严格按此办事，没有明代"均输和
买"剥削人民之事，凡是官室所需，都"出时价采办"，让府库
财富流通民间。康熙筑畅春园时，"计庸畀值，不役一夫"⑤。乾
隆三十年（1765年），谕令各地大兴土木之工，以"藏富于民"，
"现在军需已罢，各省多报有收，正府库充盈之际。而朕所念者，
库中所存者多，则外间所用者少。即当动拨官帑，俾得流通，而
城工亦藉以整齐"⑥。乾隆朝继续坚持康熙时的采办和雇用政策，
均给予价值。王庆云在《石渠余记》中也有记载，明代"紫禁城
内，铺地砖横竖七层，工作俱派民间；今器用朴素，工作皆见钱

---

① 《清高宗实录》卷一一四一，乾隆四十六年九月丁卯。
② 《清高宗实录》卷一二六一，乾隆五十一年闰七月壬午。
③ 蒋良骐：《东华录》（康熙朝）卷二十一，中华书局1980年版，第343页。
④ 乾隆：《御制日下旧闻考题词二首》，见《日下旧闻考》。
⑤ 康熙：《御制畅春园记》，见《日下旧闻考》卷七十六，第1268页。
⑥ 《清高宗实录》卷七四八，乾隆三十年十一月丁丑。

雇觅"①。"器用朴素"未必属实，"见钱雇觅"却是事实。藏于府库的资财由此而流向民间，普通百姓受惠，达到了"藏富于民"的目的。

在"藏富于民"思想的指导下，各地大兴土木。京师为首善之区，工程建设更是重中之重。从康熙开始，尤其是到了乾隆年间，京师出现了一个皇家苑囿建设的高潮。康熙二十五年（1686年）大内宫殿的修复基本完成后，建设重点随即转向离宫苑囿。康熙、乾隆对于"山水之乐"具有浓厚兴趣，在园林建设上不遗余力，使得有清一代宫苑园林建设达到了空前盛况。乾隆在《日下旧闻考》的《题词》中颇为自得地说："余临御四十余年，凡京师坛庙、宫殿、城郭、河渠、苑囿、衙署莫不修整。"②清代离宫苑囿远胜于明。表4按年代顺序列出康乾时代皇家苑囿建设的大事：

表4　康乾时代皇家苑囿建设大事表③

时间	皇家苑囿建设大事
康熙十六年（1677年）	建香山行宫
康熙十九年（1680年）	于玉泉山建澄心园
康熙二十九年（1690年）	畅春园建成
康熙四十二年（1703年）	于热河建避暑山庄

① 王庆云：《石渠余纪》卷一，北京古籍出版社1985年版，第2页。
② 乾隆：《御制日下旧闻考题词二首》，见《日下旧闻考》。
③ 主要参考日本学者冈大路的《中国宫苑园林史考》，并根据《日下旧闻考》修订、补充而成，见《中国宫苑园林史考》，第299—302页。

时间	皇家苑囿建设大事
康熙四十八年（1709年）	将圆明园赐给雍亲王胤禛
康熙五十年（1711年）	避暑山庄三十六景建成
雍正三年（1725年）	于圆明园南部建立朝署，增饰园景。雍正年间，圆明园建成二十八景，规模大备
乾隆九年（1744年）	建成圆明园四十景。乾隆年间，圆明园无一日不在建之中
乾隆十年（1745年）	建香山静宜园。长春园开始动工兴建
乾隆十五年（1750年）	依万寿山、昆明湖，筑清漪园
乾隆十六年（1751年）	玉泉山静明园建成。长春园奏准告竣
乾隆十九年（1754年）	高宗新题避暑山庄三十六景为七十二景
乾隆三十二年（1767年）	绮春园归入圆明园，开始增葺
乾隆三十七年（1772年）	绮春园增设总领一人，大体告成

以上只是择其最著者而录，尚不包括一些小型的皇家园林。不过通过所列年表，大体上可以了解康乾时代宫苑建设的盛况。康熙时，主要经营畅春园和避暑山庄。雍正时代的园林建设仅限于增修圆明园。乾隆时期，皇家苑囿建设兴起了一个高潮。从时间跨度上来讲，从乾隆初年到乾隆四十年左右，这30多年间，皇家的建园工程几乎没有间断过。从规模来看，散布在北京及其附近新建、扩建的大小园林，总计有一千五六百公顷之多，北京西北郊连绵不断的庞大园林群"三山五园"、热河避暑山庄，其规模之大，为宋代以来所未有。就园林性质而言，有建于郊野，供

皇帝"避喧听政"的"离宫御苑",如畅春园、圆明园、避暑山庄;有建于近郊、远郊和畿辅各地供皇帝短期驻跸游玩的"行宫园囿",如静宜园、静明园、清漪园、乐善园等。就园林形式而言,几乎包罗了中国古典风景式园林的所有建筑形式,如庭园、小型人工山水园、大型人工山水园、大型天然山水园。

这些庞大园林群的建造和维护无疑需要巨额资财。由于当时的许多记载没有保存下来,根据清代档案史料的零星记载,无法计算出当时建造这些园林所需费用。"闻造一烫样所费,亦不赀也"①,不用说实际建造一座完整的园林了。

以圆明园一年的修建费用为例说明,据档案记载,乾隆三十六年(1771年)奏销(竣工一般在奏销钱粮之前一两年,故工程完成之期当在乾隆三十四、三十五年之时)圆明、长春、熙春、绮春四园添建工程所用钱粮,一年即耗银33万余两。可见,圆明园工程之繁浩。②

皇家苑囿建设的经费包含由皇帝垄断的海关、盐务、织造、关卡税收及皇室所放高利贷等支出。仍以圆明园为例,据《大清会典》记载,圆明园的小金库——圆明园银库,每年通过以上手段截留应入国库的银两达255200两之多,以维持园内日常管理,这些银两包括:"收房地租银五千余两;长芦盐院解交扣裁养廉及赢余银二万七八千两;张家口盐督解交赢余银四万余两;山海关

---

① 吴振棫:《养吉斋丛录》卷十八,北京古籍出版社2005年版,第233页。
② 杨乃济辑:《圆明园大事记》,见中国圆明园学会筹备委员会主编:《圆明园》第四集,第34页。

盐督解交赢余银二万五千余两；淮关监督解交扣裁养廉银及存火耗银一万六千余两；直隶总督解交香河县地租银二百两有奇；两淮盐政解交滋生及节省银十四万二千余两；其余各该处应交广储司银内，奉旨拨交圆明园无定额。"①这25万多两银子的花费是定例，如有大的工程建设，还需从广储司拨给不定量的巨额专款，以用于园工。如，雍正三年（1725年），圆明园建设全面铺开，即一次性由广储司拨给圆明园银库30万两银子。②此外，两淮盐商的捐银、罚银等也有部分进入圆明园银库，用于工程建设和日常开支。比如，乾隆二十二年（1757年），两淮盐商程可正捐银100万两，其中交"圆明园工程处银二十五万两"③。乾隆二十二年（1757年），两淮盐商黄源德等捐银100万两，其中"交圆明园银三十万两"④。这些数据间接证明了圆明园工程规模之大和耗费之巨，直似天文数字，难以计数。

　　清代帝王长期将大量的人力、物力投入行宫苑囿建设。在皇家园林中，圆明园是除避暑山庄外规模最大的园林，清统治者对其累世经营，不惜工本，斥以巨资。如果没有雄厚的经济实力为后盾，圆明园是不可能发展并走向辉煌的。

---

① 《清会典》（光绪朝）卷九七《内务府》。
② 中国第一历史档案馆编：《圆明园》（上），上海古籍出版社1983年版，第9页。
③ 中国第一历史档案馆编：《圆明园》（上），上海古籍出版社1983年版，第88页。
④ 中国第一历史档案馆编：《圆明园》（上），上海古籍出版社1983年版，第88页。

三、圆明园兴建的精神源泉

园林建筑足以表现一个时代的精神。一个时代的文化、艺术均可从园林实物中寻其真相。同时，一个时代的文化精神也对园林建筑产生潜移默化的影响。可以说，园林与其时代的价值取向、文化品格息息相关。清代，园林文化高度发达，无论是造园理论、造园经验，还是造园规模、造园风气，都达到了我国封建社会历史上一个前所未有的高度，为圆明园的兴建营造了一个良好的文化空间。

我国造园历史可以追溯到商周。秦汉以后，不仅历代帝王兴建了许多大规模的皇家苑囿，贵族官僚、士夫文人也营建了大量的私家园林。长达 3000 年的造园活动为清代皇家园林兴建积累了丰富的经验。计成的《园冶》、文震亨的《长物志》、李渔的《闲情偶寄》等学术著作将造园经验升华到理论高度，也为清代皇家造园打下了坚实的理论和艺术基础。

明崇祯四年（1631 年），江苏吴江人计成写成了我国历史上第一部专门论述造园的杰作《园冶》。它从造园的指导思想到景境的意匠手法，从园林的总体规划到个体建筑设计，从结构列架到细部装饰等都有系统论述，涉及园林创作的各个方面。尤其是"虽由人作，宛自天开"这一指导思想，成为我国造园艺术的根本原则，也是中国园林区别于其他园林风格的典型标志，对后世造园影响极大。

《长物志》中的"室庐""花木""水石""禽鱼""蔬

果"五章，直接与造园有关，其余的章节"书画""几榻""器具""衣饰""舟车"，或多或少涉及园林生活。书中提到的具有旷士之怀的亭台，有幽人之致的高阁，以及明净的山斋、素净的粉壁等，体现了明末以来文人所崇尚的雅致、素淡的园林风格。

《闲情偶寄》杂论戏曲、烹饪、建筑、园艺等诸多方面，均有独到见解。计成的《园冶》系统而完整，《闲情偶寄》则不求面面俱到，而是选择房舍、高栏、墙壁、联匾、山石、花树等，有感即发，表达了文人试图通过园林以表现其雅致和才情的强烈愿望，代表了当时士大夫对园林风格追求的总体取向。

这些园艺相关的理论著述，或讨论造园总体的艺术指导思想，或细论局部构件的分设，或抒发对园林情致的追求，将造园经验升华到理论高度，为圆明园的兴建提供了理论基础。

清代集历代造园经验之大成，在皇家苑囿的修建中，形成了一套完善的制度：设立了总理工程处、样式房、算房等机构，编订了一系列的建筑规范——匠作则例，制定了严密的工程管理制度，培育了大批的良工巧匠，为圆明园的兴建提供了技术和人才。

清代，凡属国家工程均归工部营缮司管理。唯独皇家园林的兴建由主管宫廷事务的内务府主管。清统治者对苑囿修建的要求非常严格，内务府设有专管园庭修建的机构——营造司。乾隆朝，苑囿修建频繁，为适应屡兴土木的需要，内务府专门设立了总管园庭建筑事务的机构——总理工程处。总理工程处成立于乾隆二十六年（1761年），主管"内庭及各园庭、热河等处行宫工程"①。遇有工程建设，就由总理工程处奏请钦派勘估大臣估计钱粮，由勘估大臣奏请钦派承修大臣承修。竣工后，由承修大臣奏请钦派大臣查验。清代园庭建设频繁，总理工程处只是总管其事，具体到某个园林的建设或某项工程建设，还得另组实际操作的工程事务所。就圆明园而言，园内设立了一套完整的工程建设的机构，有圆明园工程处（总管工程建设）、样式房（主持设计、制作建筑物模型"烫样"）、销算房（编制预算、销算工料、奏销钱粮）、堂档房（主管内务府和园内其他各处来文咨会及建筑档案文件的管理）、现行房（储备杉、篙、竹席、砖瓦、铜铁、纸张、颜料等物，② 主管收发钉铁杂料，以及各处领用旧存回残物料事宜）、督催所（督促工程的按时完工、钱粮的及时销算清账）。此外，还有银库、造办处、器皿库、木厂、如意馆等一系列为园工服务的机构，由内务府大臣统领其事。

苑囿修建还必须按规范严格施工，因而编订了各种建筑规范——匠作则例。匠作则例是指有关营建制造的各种工匠成规定例。具体而言，"就是把已完成的建筑和已制成的器物，开列其整体或部件的名称规格，包括制作要求、尺寸大小、限用工时、耗料数量以及重量、运费等，使之成为有案可查，有章可循的规

① 《清会典事例》卷一一七三《内务府四·官职》，第672页。
② 《清会典》（光绪朝）卷九七《内务府》。

则或定例"①。这些则例根据工匠实际施工过程中所得经验编纂而成。编辑则例是为了保证营建制造的数量和质量,便于计算开支,以杜弊防奸,即"以重工程,以慎钱粮","不致吏胥高下其手,致滋弊窦"②。至于样式房、算房的设计专家、能工巧匠多将则例辑为秘本,以备随时查考,便于估算和施工。

雍正十二年(1734年)由皇帝批准,工部刊行了《工程做法》。凡是国家工程,均应遵守工部所颁布的工程做法。但皇家园庭的建设并不受工部法规的约束,自订一系列工程则例。尤其在乾隆朝,苑囿兴建频繁,根据皇帝享乐的需要,则例随时更改,因而编纂的则例最多。据王世襄先生统计,现存清代匠作则例有七十多种。③他所汇纂的《清代匠作则例》一书中,收有《内廷圆明园内工诸作现行则例》即达二十多种,包括大木作、装修作、石作、瓦作、搭材作、土作、油作、画作、裱作、内里装修作、漆作、佛作、陈设作等,并介绍了各种物件的做法,极为精详。这些则例是长期以来工匠所积累的经验的一次大总结。供职于圆明园的工匠必须严格按照这套则例施工,否则,必然受到惩罚。因此,圆明园工程质量极佳,为前代所未有。同时,这些则例又是根据皇帝奢侈享受的要求而定的,因而圆明园的规制布局乃至内檐装修、珠宝装饰、雕刻图案等,造型艺术丰富多彩,其用料

---

① 王世襄:《清代匠作则例》,大象出版社2000年版。
② 王世襄:《谈清代匠作则例》,《文物》1963年第7期。
③ 王世襄:《谈清代匠作则例》,《文物》1963年第7期。

奢靡高贵甚至超过了紫禁城。

为了保证工程质量，清代的苑囿建设还制定了一套严格的管理制度。工程建设一般按如下程序进行：第一步是踏勘，由工部、内务府、钦天监官员"相地选址"，厘定方位，设桩下线。第二步，由样式房设计、制作出建筑物的烫样模型，进呈御览。第三步，由算房估算工程所需时日、钱粮。第四步，选派监修大臣、承修大臣及承修人员。第五步，择吉开工。第六步，工程完成后，由内务府派员查核工程质量、所用钱粮是否符合原估算要求。最后就是销算，工程查核合格后，方可销算钱粮清账。承修人员必须严格按照则例和估算钱粮的多少施工，保证工程质量。对工程质量，规定保固年限，在保固年限内出现质量问题，责令赔修，甚至交内务府议处，"凡新修墙垣在三年内坍塌者，原监修官赔修，仍交内务府议处。在三年外五年内坍塌者，免其议处，仍责令赔修。宫殿亭台，在三年内渗漏者，原监修官赔修，三年外官修。其余保固各限，与营造司同"①。对其他种种弊端，如延误工程、侵吞钱粮物料、错用物料、销算迟误等，均处以罚俸、补修、赔修等严厉惩罚。

苑囿建设还需要专门的建筑人才。清代，我国建筑技术已经发展到了顶峰，涌现了无数能工巧匠，他们以精湛的技术供奉于内廷。供职于样式房、算房的多是"世守之工，号称专家"②。叶

---

① 《清会典》（光绪朝）卷九七《内务府》。
② 朱启钤：《中国营造学社缘起》，见《中国营造学社汇刊》第一卷第一期。

洮，"字金城，青浦人。胸有丘壑，大内畅春园一树一石皆其布置"①。与圆明园关系密切的著名的雷氏家族六代奉职内廷，任职于样式房，为楠木作，善作房屋模型，"世传其业不坠，俗呼'样式雷'"②。雷发达之子、雷氏第二代传人雷金玉，生于顺治十六年（1659 年），卒于雍正七年（1729 年），"继父业任营造所长班，供役圆明园楠木作样式房掌案"③。雷声澂，雷金玉幼子，生于雍正七年，卒于乾隆五十七年（1792 年），"按其生卒年代则知彼承值内廷，正在乾隆中叶土木繁兴之际"④。乾隆中叶，圆明园中长春园的建设正在大规模进行。可以推见，雷声澂此时正为圆明园的建设服务。雷声澂的三个儿子均承办内廷工程，其中雷家玺在嘉庆年间"承值圆明园东路工程及同乐园演剧之切末、鳌山、珠灯、屉画等"⑤。雷景修，雷家玺第三子，生于嘉庆八年（1803 年），卒于同治五年（1866 年），他从 16 岁起就随父亲"在圆明园样式房学习世传差务"，为样式房掌案。他筑室三间以收藏祖辈留下的圆明园工程烫样模型。雷思起，雷景修第三子，生于道光六年（1826 年），卒于光绪二年（1876 年）。同治十三年（1874 年），重修圆明园时，雷思起及其子雷廷昌将家中所藏圆明园工程图样进呈御览，并蒙召见五次。可见，"样式雷"家族世

---

① 徐珂：《清稗类钞》（一），第 164 页。

② 汤用彬等编著：《旧都文物略》，书目文献出版社 1984 年版，第 249 页。

③ 舒牧等编：《圆明园资料集》，书目文献出版社 1984 年版，第 102 页。

④ 朱启钤：《样式雷世家考》，转引自舒牧等编：《圆明园资料集》，书目文献出版社 1984 年版，第 103 页。

⑤ 舒牧等编：《圆明园资料集》，书目文献出版社 1984 年版，第 103 页。

代为圆明园工程服务，和圆明园结下了不解之缘。

像"样式雷"这样声名彰显、见诸记载的名匠世家毕竟不多，还有许多优秀工匠，我们只能从零星的档案记载中搜寻到他们的名字。乾隆七年（1742年）五月，内务府大臣海望请旨圆明园安佑宫接迎门扣祭祀公神的奏折中附了一份清单，详细罗列安佑宫工程各作头目名单：大木作，郗惠、贾成；楠木作，雷德、刘德珍；石作，王开山、李成；瓦作，许天福、杨五；窑匠，卢印、张忠；搭彩作，梁国福、李得禄；土作，刘兴、张见祥、罗忠、赵永、陈武、魏六；铁作，王福生、刘福；锡作，冯佛保、王佑；铜作，卢尧、余武；油作，敖文义、叶子明；平子匠，马林、罗魁。[①] 这些工匠无疑是那个时代最杰出的匠师，因为安佑宫是圆明园中供奉康熙、雍正两帝圣容画像的皇家家庙，庄严肃穆，能被选派的必定是当时手艺精良之人。此外，尚有许多档册不载、湮没不闻的能工巧匠曾为圆明园的建设奉献智慧和技艺。

上述内容表明，清代的范围修建已经具备了必要的理论基础和丰富的实践经验。整个社会对造园的崇尚、对园林文化的追慕，则推动了清代园林文化的发展，为圆明园的兴建营造了一个良好的文化氛围。

康乾时期，尤其是乾隆时代，构置园亭、追求雅趣已成为一种社会风尚。皇帝达官、文人墨客、商人平民，对造园的热衷到了无以复加的地步。在山清水秀的长江下游，以苏州、扬州、杭州

---

① 中国第一历史档案馆编：《圆明园》（上），上海古籍出版社 1983 年版，第 51—52 页。

为中心的江南地区，因为经济发达，私家园林最为兴盛，造园名家辈出。江南园林以其精湛的技巧、淡雅的情调和浓郁的诗情画意而成为我国园林发展史上的一个高峰。与此同时，北方则以皇家造园为主流，从康熙中叶到乾隆年间而臻于极盛。北京、承德先后建成了许多规模宏大的皇家园林，皇家造园的成就代表着我国园林发展史上的另一个高峰。

乾隆皇帝毫不隐讳对自然山水的热爱，他坦言"山水之乐不能忘于怀"[1]。他六次南巡，虽然是以巡视河工、塘务为主要任务，但不排除慕名江南山水园亭美丽而游的因素。乾隆帝几乎游遍江南各地名园。对于造园，他有精辟的见解。他在《万寿山昆明湖记》中说："湖之成以治水，山之名以临湖，既具湖山之胜概，能无亭台之点缀？事有相因，文缘质起。"[2]他认为，万寿山、昆明湖这些自然美景还需亭台等建筑来点缀。自然湖山与建筑的关系，是文和质的关系，相互映衬，缺一不可。这是乾隆独到的园林观。可以说，"乾隆完全有资格跻身于古代造园理论家之列"[3]。

这位皇帝不仅喜欢游山玩水，更是热衷造园。他在位的 60 年，皇家苑囿建设达到高峰。以朱彝尊的《日下旧闻》和于敏中等编纂的《日下旧闻考》（后者是在前者的基础上增订而成的）作比较，最能说明乾隆时代苑囿兴建的盛况。《日下旧闻》成书

---

① 乾隆：《御制静宜园记》，见《日下旧闻考》卷八十六，第 1438 页。

② 乾隆：《御制万寿山昆明湖记》，见《日下旧闻考》卷八十四，第 1393 页。

③ 刘天华：《画境文心：中国古典园林之美》，生活·读书·新知三联书店 1995 年版，第 15 页。

于康熙二十七年（1688年），全书分为皇土、世纪、行胜、宫室、城市、郊坰、京畿、侨治、边障、户版、风俗、物产、杂缀十三门。北京西郊的玉泉山、香山等处名胜，归入"郊坰"一类。乾隆三十九年（1774年），命于敏中等编纂《日下旧闻考》时，北京西郊已经建成了"三山五园"皇家园林群。《日下旧闻》的分类，远不能说明皇家苑囿发展的盛况，因此《日下旧闻考》专门增立"苑囿"一门，记述西郊皇家园林的发展。

不独帝王，贵族官僚对造园也极其热衷。乾隆时期的大官僚、湖广总督毕沅以一人之力构置三园：乐园、灵岩山馆、水木明瑟园，皆为名园。毕沅长期历宦在外，他在家乡苏州构置的灵岩山馆，终其一生未曾踏足一步。像毕沅这样的园主人尚不在少数。如江南嘉善县的二十五峰园，本是海昌查氏旧园，拥有春风第一轩、八方亭、清梦轩、平远楼等胜景。"今归苏州汪厚斋氏，终年关锁，命仆守之。三十年来，园主人未尝一至也。"①

文人历来对造园情有独钟。清代是文人园林发展的一个高峰时期，尤其是在商品经济发达的江南，文人造园成风。文人园林不可能如帝王苑囿规模庞大，也不可能如达官私园极尽精妍。文人私园追求在素雅中体现园主人与众不同的品格和情怀。清人钱泳在《履园丛话》中记载："吾乡有浣香园者，在啸傲泾，江阴李氏世居。康熙末年，布衣李芥轩先生所构，仅有堂三楹，曰恕堂。堂下惟植桂树两三株而已，其前小室，即芥轩也……乃知园亭不

---

① 钱泳：《履园丛话》卷二〇，中华书局1979年版，第544页。

在宽广，不在华丽，总视主人以传。"①著名学者阮元的蝶梦园，"不足十亩，而亭馆花木之胜，在城中为佳境矣。松、柏、桑、槐、柳、棠、梨、桃、杏、枣、奈、丁香、荼蘼、藤萝之属，交柯接荫。玲峰石井，嵌崎其间，有一轩二亭一台，花晨月夕，不知门外有缁尘也"②。"一轩二亭一台"，"花晨月夕，不知门外有缁尘"的园居生活是文人梦寐以求的，在此他们可以引朋呼侣、诗文会友、寄情遣怀。总之，园居生活可以使他们找到生存的价值和快乐。这就是清代文人园林大盛的根本原因。

乾隆时代造园风气之盛还表现在园林的普及化和市民化。园林从文人雅士抒发情怀、追求精神享受的上层文艺形式，逐渐变成了较普及的、全民喜爱的艺术活动。园主人的身份阶层不断扩大，甚至商人、平民也以造园、游园为乐事。官僚、文人独享山林乐趣的垄断局面被打破。"嘉定有张丈山者，以贸迁为业，产不踰中人，而雅好园圃。邻家有小园，欲借以宴客，主人不许，张恚甚，乃重价买城南隙地筑为园，费至万余金，署曰平芜馆。"③商人张丈山一怒而万金购园，生动地表现了那个时代造园风气的盛行。类似平芜馆一类的园林，在江南商品经济发达的市镇极为普遍。常熟、吴江、崑山、嘉定、上海、无锡"各县城隍庙俱有园亭，亦颇不俗"④。每当春秋季节，乡傭村妇、估客狂生在内游

① 钱泳：《履园丛话》卷二〇，中华书局 1979 年版，第 546 页。
② 震钧：《天咫偶闻》卷五，北京古籍出版社 1982 年版，第 103—104 页。
③ 钱泳：《履园丛话》卷二〇，中华书局 1979 年版，第 539 页。
④ 钱泳：《履园丛话》卷二〇，中华书局 1979 年版，第 545 页。

玩，"杂逻欢呼，说书弹唱"①。江南造园风尚由此可见，不独商人造园，乡傭村妇、估客狂生也卷入游园的热潮中。

整个社会对造园的崇尚，推动了园林建设的发展。乾隆朝，在经济发达的城市，园林遍布，极尽一时之盛。

当时，园林又以苏州、江宁、杭州、扬州为胜。据《苏州府志》记载，清代苏州园林有 130 多处②，其中以乐园、狮子林、拙政园、归田园、息园、绣谷、怀云亭、瞿园、涉园、逸园、灵岩山馆、寒碧山庄、水木明瑟园最为有名。江宁名园有随园、张侯府园。杭州名园有玉玲珑馆、皋园、潜园、长丰山馆。③

清代名园兴建地之最当属扬州。尤其是乾隆年间，扬州园林之盛，有"杭州以湖山胜，苏州以市肆胜，扬州以园亭胜，三者鼎峙，不可轩轾"④之谓，可以说是"家家住青翠城闉""处处是烟波楼阁"⑤。清初，扬州有八大名园：王洗马园、卞园、吴园、贺园、冶春园、南园、郑御史园、筱园。⑥乾隆南巡后，扬州园林发展到极盛时期。金安清记载道："计自北门直抵平山，两岸数十里楼台相接，无一处重复。其尤妙者在虹桥迤西一转，小金山矗其南，五顶桥锁其中，而白塔一区雄伟古朴，往往夕阳返照，箫

---

① 钱泳：《履园丛话》卷二〇，第 545 页。
② 《苏州府志》（乾隆朝）卷二八《宅第园林》。
③ 钱泳：《履园丛话》卷二〇，第 541—542 页。
④ 李斗：《扬州画舫录》卷六，第 151 页。
⑤ 谢溶生：《〈扬州画舫录〉序》。
⑥ 李斗：《扬州画舫录》卷一。

鼓灯船，如入汉宫图画。"①从中可见乾隆年间扬州园林之盛。

北方园林虽不及江南之盛，但也有不少名园。京师名园有惠园、万柳堂。天津名园有问津园、一亩园、中隐园、沽水草堂、水西庄、枣香庄、怀园、南溪、浣花村、杨园、郭园、七十二草堂、虚舟亭等。

在浓厚的造园风尚中，富有四海的天子将皇家苑囿建设和全国园林建设推向高潮。皇家园囿与私家园林共一时之繁荣。圆明园就是在这种历史背景下逐步兴建，吸取南北园林之精华并步入它的黄金时期的。

①欧阳兆熊、金安清：《水窗春呓》卷下，中华书局 1980 年版，第 72 页。

第二章

圆明园与『三山五园』

北京西郊，碧泉流淀，风光旖旎，园林荟萃。康乾时期，最高统治者在此构筑了蔚为壮观的"三山五园"皇家苑囿体系。其中的圆明园，历经雍正、乾隆、嘉庆、道光、咸丰五个朝代 150 余年的建造经营，以其宏伟精丽被誉为"万园之园"，更是作为五位皇帝临朝听政的"御园"而居"三山五园"之首，它是清王朝实际的政治中心，有着其他皇家园林不可替代的政治地位和作用。

第一节
圆明园的兴建

圆明园始建于康熙年间，扩建于雍正年间，至乾隆时代大规模扩建，嘉庆时期增建，终于建成一座占地5200多亩，囊括圆明园、长春园、绮春园三园，分布一百余处景群的规模宏大、景色优美的大型皇家园林。

一、北京西郊优越的造园环境

北京西郊，素有山泉湖沼之胜，历史上就是有名的胜地。太行山的余脉构成了蜿蜒绵亘、深秀葱茏的京西群山。群山脚下的小平原上，河流众多，最著名的是永定河和温榆河。永定河的古河道流经今天海淀镇北，这里地势低下，往往平地涌泉，汇成大小淀泊。春夏之间，分红布绿，沙禽水鸟，出没于天光云影之中，俨然江南水乡。

这里具备了优越的自然条件，成为营建园林的绝好所在。自辽代开始，历代统治者就在此大规模地营建别业园囿，红楼飞阁，梵宫珠塔，覆压十余里，窈窕相望，使这里成为燕北胜区。

辽圣宗开泰二年（1013 年），建玉泉山行宫①——北京西郊最早的皇家园林。金世宗大定二十六年（1186 年）三月，于香山建永安寺。到金章宗时期，政局稳定，经济繁荣，章宗多次游幸香山、玉泉山、瓮山，并建行宫殿宇，规模空前。金章宗在永安寺建会景楼、祭星台等，并在玉泉山建行宫一座，构筑芙蓉殿，使"玉泉垂虹"成为燕京八景之一。

元代，这里仍以风景佳丽而著称，都下文人骚客在此流连忘返，吟咏赞赏，并冠之以"丹棱沜"的雅称。元世祖忽必烈在玉泉山建昭化寺。

明代，这一带已是一个有名的风景区。蒋一葵在《长安客话》中道："水所聚曰淀。高梁桥西北十里，平地有泉，澎洒四出，淙汩草木之间，潴为小溪，凡数十处。北为北海淀，南为南海淀。远树参差，高下攒簇，间以水田，町塍相接，盖神皋之佳丽，郊居之选胜也。"②王直的诗《西湖》赞美道："玉泉东汇浸平沙，八月芙蓉尚有花。曲岛下通鲛女室，晴波深映梵王家。常时凫雁闻清呗，旧日鱼龙识翠华。堤下连云粳稻熟，江南风物未宜夸。"③这一带自然天成的秀丽景色为统治者所相中，争相在此修筑园林。这里亭台楼阁与湖光山色交相辉映，构成了规模宏大的园林聚集区，成为京都游览胜地。其中，最负盛名者为清华园和勺园。

---

① 《金史》卷二十四《地理志》，"中都，宛平县，辽开泰二年有玉泉山行宫"。
② 蒋一葵：《长安客话》卷四，北京出版社 2018 年版，第 70 页。
③ 朱彝尊：《日下旧闻》卷二二，并见《日下旧闻考》卷七十九，第 1318 页。

清华园，为万历皇帝（1573—1620 年在位）外祖父武清侯李伟所筑，是一座以水景为主、规模宏伟的私家园林，取"水木清华"之意，曰"清华园"，人称"李园"。据《泽农吟稿》记载，清华园"引西山之泉，汇为巨浸，缭垣约十里，水居其半。叠石为山，岩洞幽窅，渠可运舟，跨以双桥。堤旁俱植花果，牡丹以千计，芍药以万计。京国第一名园也"①。《明水轩日记》称："清华园前后重湖，一望漾渺，在都下为名园第一。若以水论，江淮以北亦当第一也。"②著名文人袁中道的《海淀李戚畹园四首》描绘了清华园壮丽的景色："满目尘沙塞路蹊，梦魂久已忆山栖。谁知烟水清溪曲，只在天都紫陌西。镇日浮舟穿柳涧，有时调马出花畦。到来宾主纷相失，总似仙源径易迷。"③

勺园，又名"风烟里"，在清华园之东，为万历二十三年（1595 年）进士、水曹郎米万钟所构筑。取"海淀一勺"之意，故名"勺园"，④人称米家园。勺园虽规模不大，但以清幽闻名，与清华园同样以水景取胜，"园仅百亩，一望尽水。长堤大桥，幽亭曲榭。路穷则舟，舟穷则廊，高柳掩之，一望弥际"。文人墨客对勺园宛如江南般的美景赞叹不已。王思任在《题勺园诗》中说："才辞帝里入风烟，处处亭台镜里天。梦到江南深树底，

---

① 朱彝尊：《日下旧闻》卷二二补遗，并见《日下旧闻考》卷八十四，第 1411 页。
② 朱彝尊：《日下旧闻》卷二二补遗，并见《日下旧闻考》卷七十九，第 1316 页。
③ 朱彝尊：《日下旧闻》卷二二，并见《日下旧闻考》卷七十九，第 1319 页。
④ 蒋一葵：《长安客话》卷四，北京出版社 2018 年版，第 70 页。

吴儿歌板放秋船。"[1]园主人米万钟因为园在远郊,不能日日涉园游览,便将园中美景绘在灯上,"丘壑亭台,纤悉具备,都人士又诧为奇,啧啧称米家灯",吕九玄赞道"米家灯是米家园""米家园是米家灯"[2],园与灯俱享一时之盛誉。

这两个名园虽然并称于世,但由于各自园主人政治地位和经济实力的不同,园林的规模和风格相差极大,在造园艺术上各有独到之处。大学士叶向高在游览了这两座园林后,有一个精辟的评论:"李园壮丽,米园曲折;米园不俗,李园不酸。"[3]后人在论及当时海淀园林时,对此两园也有评价:"丹棱沜边万泉出,贵家往往分清流。李园米园最森爽,其余琐琐营林邱。"[4]

明清之际,此处园林大都废圮,但仍然保持着山清水秀的自然景色。到了清代,此处胜景深得统治者的喜爱。康熙皇帝常常巡幸西郊,欣赏这里的美景。他称赞西郊风景:"沃野平畴,澄波远岫,绮合绣错,盖神皋之胜区。"[5]雍正皇帝也赞赏此处"林皋清淑,波淀渟泓","槛花堤树,不灌溉而滋荣;巢鸟池鱼,乐飞潜而自集"[6]。这里优越的自然条件和深厚的园林基础,是其他地方无可比拟的。因而,喜爱山川之美的清统治者即将此地作为营建苑囿之区。圆明园就在这块得天独厚的土地上拔地而起。

---

① 朱彝尊:《日下旧闻》卷二二。

② 蒋一葵:《长安客话》卷四,北京出版社 2018 年版,第 70 页。

③ 刘侗、于奕正:《帝京景物略》卷五,北京古籍出版社 1982 年版,第 218 页。

④ 永瑆:《诒晋斋集》卷六。

⑤ 康熙:《御制畅春园记》,见《日下旧闻考》卷七十六,第 1268 页。

⑥ 雍正:《御制圆明园记》,见《日下旧闻考》卷八十,第 1321 页。

二、圆明园的兴建

论及圆明园的初创，势必追溯到畅春园。康熙二十三年（1684年），康熙帝首次南巡，歆羡江南湖山之美，归京后，即命青浦人叶陶设计，在明武清侯李伟清华园旧址上，"依高为阜，即卑成池"①，修筑了清代第一座皇家园林——畅春园，作为"避喧听政"之所。康熙二十六年（1687年）二月，康熙首次驻跸畅春园。此后，熙春盛暑，时时临幸，园居理政。文武僚属、皇子王公也护驾随行，皇四子胤禛即在其中。康熙四十八年（1709年），胤禛被封为和硕雍亲王。康熙将畅春园迤北里许地名后华家屯的一座园林赐给他，并亲笔题写园名"圆明园"。即如雍正所说，"朕以庽跸，拜赐一区"②。这就是圆明园建园之由来。

初创时期的圆明园究竟有多大？一般认为，康熙时圆明园规模较小，主要限于以后湖为中心的一块600多亩的方形地段，因为按照皇家规制，皇子赐园不能超过康熙所居住的畅春园。但据史料记载，圆明园的规模已远远超过后湖周围地带。于康熙五十八年（1719年）左右，胤禛写有《园景十二咏》诗③，其中的"桃花坞""耕织轩""深柳读书堂"景点分别位于圆明园后湖西北的武陵春色、北面的映水兰香和福海西北岸的澡身浴德景群中。此时圆明园地界，东到福海，北界已拓展到大北门一线，占地面积

---

① 康熙：《御制畅春园记》，见《日下旧闻考》卷七十六，第 1268 页。
② 雍正：《御制圆明园记》，见《日下旧闻考》卷八十，第 1231 页。
③ 《清世宗御制文集》卷二十六《雍邸集》。

约 1200 亩。

康熙六十一年（1722 年），康熙帝病逝，胤禛即位，即雍正帝。即位后第二年，雍正帝就着手圆明园的扩建计划。首先，命新授山东济南德平县知县张钟子、潼关卫廪膳生员张尚忠查看圆明园风水。他们认为，圆明园的地势"九州四海俱包罗于其内矣"[①]，"上合天星，下包地轴，清宁位育，永巩皇图"[②]。也就是说，圆明园如同整个中国的缩影，风水兴旺，在此建园，可永保大清江山巩固。依据风水理论，制定了圆明园扩建的总体规划。其次，采办物料，划拨专款，准备扩建。雍正二年（1724 年），内务府派员前往关外围场一带采伐林木。雍正三年（1725 年）二月，又从广储司拨付圆明园工程银 30 万两。同年七月，委派商人于长生采办圆明园所需石料。这些表明，圆明园的扩建工程已全面铺开。

雍正初年，因御园理政的功能要求，率先完成了"外朝内寝"区的扩建工作。首先，将原有的中轴线向南延伸，在原赐园的南面"建设轩墀，分列朝署，俾侍值诸臣有视事之所。构殿于园之南，御以听政"[③]，完成了包括大宫门、朝房、正大光明殿、勤政亲贤殿等在内的"外朝"的扩建工程。其次，以"九州清晏"为主体、环抱后湖的几组建筑群相继建成，形成了帝后妃嫔居住的

---

① 中国第一历史档案馆编：《圆明园》（上），上海古籍出版社 1983 年版，第 6 页。
② 中国第一历史档案馆编：《圆明园》（上），上海古籍出版社 1983 年版，第 7 页。
③ 雍正：《御制圆明园记》，见《日下旧闻考》卷八十，第 1322 页。

"内廷"。雍正三年八月，雍正帝首次驻跸圆明园。自此，圆明园取代畅春园，成为皇帝园居听政的最主要的离宫。

雍正年间，圆明园的扩建工作从未停止，继续大规模地堆山凿池，栽花种草，增建殿宇。园区继续向西、北、东三面扩展，改造河渠水网，叠石堆山，修建亭台楼阁，形成新的景区；开凿福海，并沿岸修建了几组大型建筑；在沿北宫墙一条狭长地带添建景点，布设景区。扩建后的圆明园东至福海，北到后来的北宫墙，西达后来的西宫墙，面积增至3000余亩。据《日下旧闻考》记载，圆明园四十景中，有二十八景为雍正所题署。也就是说，此时的圆明园已建成28组大型建筑，包括正大光明、勤政亲贤、九州清晏、镂月开云、天然图画、碧桐书院、慈云普护、上下天光、杏花春馆、坦坦荡荡、万方安和、茹古涵今、长春仙馆、武陵春色、汇芳书院、日天琳宇、澹泊宁静、多稼如云、濂溪乐处、鱼跃鸢飞、西峰秀色、四宜书屋、平湖秋月、蓬岛瑶台、接秀山房、夹镜鸣琴、廓然大公、洞天深处。可见，雍正时圆明园的基本布局已经奠定。

乾隆即位后，奉皇太后居畅春园，自己仍以圆明园为常朝听政之所，并对圆明园进行了增建。增建工程主要分两个阶段：乾隆九年（1744年）前在全园范围大规模增建；乾隆二十年至四十年（1755—1775年）对部分景区进行增建和改建。第一阶段的增建并没有拓展圆明园本身的地盘，而是在原来的范围内调整园林景观，增建若干建筑群和景点以丰富园景，包括曲院风荷、坐石临流、北远山村、映水兰香、水木明瑟、鸿慈永祜、月地云居、山高水长、澡身浴德、别有洞天、涵虚朗鉴、方壶胜境，连同雍正时已有的二十八景共建成四十景，可谓"恢拓营缮，宏规大起"①。乾隆还命宫廷画师唐岱、沈源等人绘成绢本设色的《圆明园四十景图》，并亲自为之题咏。乾隆十年（1745 年）以后，建设的重点转向长春园，但乾隆二十年至四十年，对圆明园仍有多处添建和改造，不过规模均不太大。

圆明园的扩建工程大约在乾隆九年告一段落。从乾隆十年开始，乾隆将营建的重点放到长春园。长春园的修建是圆明园扩建工程的延续。

圆明园东垣外有空隙地，名水磨村，长春园就建在此处。园名因乾隆少年时代所居圆明园内"长春仙馆"而得名，"敬依长春仙馆赐号，赐名曰长春园"②。据乾隆自述，建园的目的是"予有夙愿，若至乾隆六十年，寿登八十五，彼时亦应归政，故邻圆明园之东预修此园，为他日优游之地"③。他还赋长律一首，表明园名之由来和建园之初衷："长春非敢畅春侔，即景名园亦有由。赐号当年例仙馆，倦勤他日拟菟裘。培松拱把冀鳞老，留石平心待句酬。廿五春秋仍劫焂，耄期岁月合优游。"④ 实际上，乾隆归政后并未在长春园内居住，"息肩娱老"。

① 吴振棫：《养吉斋丛录》卷十八，北京古籍出版社 2005 年版，第 228 页。
② 《日下旧闻考》卷八十三，第 1379 页。
③ 乾隆：《题长春园句有序》，见《清高宗御制诗三集》卷九十二。
④ 乾隆：《题长春园句有序》，见《清高宗御制诗三集》卷九十二。

长春园的修建工程主要分为两个阶段：乾隆十年至十六年（1745—1751年）基本建成中西路景区；乾隆三十一年至三十七年（1766—1772年）重点建设东路景区。

乾隆十年（1745年）七月，"传旨为长春园庙宇做欢门幡七堂"①，这是档案中首次出现"长春园"字样，标志着长春园工程全面兴工。到乾隆十二年（1747年），园内中西路的主体建筑澹怀堂、含经堂、思永斋、玉玲珑馆、海岳开襟、法慧寺、宝相寺、爱山楼、丛芳榭等均已建成。该年，传旨做御笔"长春园"匾，九月十六日做成挂讫。②乾隆十六年（1751年），长春园置六品总领一人③，园基本建成。西洋楼谐奇趣也于该年建成。此后的十来年，该园主要是局部添建。乾隆十七年（1752年），蒨园建成。乾隆二十一年至二十四年（1756—1759年）相继建成西洋楼方外观、海晏堂、大水法等。乾隆二十三年（1758年），将思永斋改建成小有天园。

乾隆三十一年至三十七年（1766—1772年），是长春园建设的第二个高潮，东路主要建筑群大体建成：映清斋（乾隆三十一年，1766年）、如园和鉴园（乾隆三十二年，1767年）、狮子林（乾隆三十七年，1772年）。此外，乾隆三十五年（1770年），在含经堂西北部添建了淳化轩等建筑。乾隆四十八年（1783年），

---

① 杨乃济：《圆明园大事记》，见中国圆明园学会筹备委员会主编：《圆明园》第四集，第32页。
② 中国第一历史档案馆编：《圆明园》（下），上海古籍出版社1983年版，第1312页。
③ 《清史稿·职官五》卷一一八，第3429页。

长春园内添建西洋楼远瀛观。至此，整个长春园的建设大致告成。

绮春园在长春园西南，原本是康熙年间怡亲王允祥的赐园，名交辉园，乾隆年间改赐给大学士傅恒及其子福隆安，易名为春和园。福隆安死后，园缴进，于乾隆三十四年（1769年）归入圆明园，改名绮春。① 乾隆三十九年（1774年），内务府奏请设置管园大臣，"园内现在殿座既多，地面亦属辽阔，理宜酌派人员专司其事"②，绮春园基本建成。乾隆朝，园内修建工程规模较小，只添建了宫门、朝房和公主住房等。乾隆帝也未在此园居。

乾隆在位的60年，是圆明园的全盛时期，有"圆明三园"（圆明园、长春园、绮春园）之盛，三园"名虽三而实则一"③，其中圆明园以规模宏大而居首位，故统称为圆明园。这就是人们所熟知的"圆明三园"。其实，在圆明园的发展史上，也曾有过"五园"之盛。乾隆三十二年，将熙春园（今清华大学校园西部，康熙年间所建）并入圆明园。乾隆四十五年（1780年），将淑春园改名为春熙院（今北京大学校园北部）归入圆明园。这便是"圆明五园"之称的由来。但嘉庆七年（1802年）将春熙院赐给庄敬固伦公主，道光二年（1822年）将熙春园赐给惇亲王绵恺。"圆明五园"又易为"圆明三园"。可见，"圆明五园"的称谓不过短短的20年（乾隆四十五年至嘉庆七年，1780—1802年）。所

---

① 杨乃济：《圆明园大事记》，见中国圆明园学会筹备委员会主编：《圆明园》第四集，第34页。
② 中国第一历史档案馆编：《圆明园》（下），上海古籍出版社1983年版，第987页。
③ 嘉庆：《绮春园记》，见《清仁宗御制文二集》卷四。

以，"五园"之盛就鲜为人知。

绮春园的扩建、修缮，主要在嘉庆朝。绮春园西面，横界一区名曰西爽村，为成亲王永瑆赐园，后嘉庆帝别赐成亲王宅第，该园于嘉庆四年（1799年）并入绮春园，[①] 并进行了大规模的修缮和增建，至嘉庆十年（1805年）建成"绮春园三十景"，分布于园东部和西北部的敷春堂、涵秋馆、虚明镜、春泽斋等处。嘉庆十四年（1809年），又正式修建了绮春园宫门（新宫门）、勤政殿、烟雨楼、凤麟洲、鉴碧亭。嘉庆十六年（1811年），将原本归属绮春园西路的含晖园重归园内。含晖园于嘉庆六年（1801年）赐给庄敬和硕公主居住。"去岁（指嘉庆十六年，1811年）公主病逝，复经额驸索特那木多布斋呈缴。"于是，嘉庆帝"命园庭司事臣工，即其地葺治倾颓，疏剔淤滞，移建是楼"[②]，本园进入最后扩建阶段。到嘉庆十九年（1814年），园西南部建成含辉楼、招凉榭、惠济祠、畅和堂、澄心堂、湛清轩诸景。此时，绮春园的规模比乾隆时扩大了将近一倍，主要景区有30处，成为清帝园居的主要场所之一。

总之，经过几代皇帝的经营，圆明园成为一座规模宏大的皇家园林。

---

① 嘉庆：《含辉楼远眺》，见《清仁宗御制诗三集》卷八。
② 嘉庆：《含辉楼远眺》，见《清仁宗御制诗三集》卷八。

第二节
"三山五园"体系中的圆明园

清初战事倥偬，财政困难，统治者无力于园林建设。康乾盛世，国力殷富，文物昌盛，清王朝在北京西郊建成了"三山五园"皇家园林群。圆明园以其宏大的规模、瑰丽的景色，尤其是它在清代政治生活中的重要地位而居众园林之首。本节拟将圆明园置于"三山五园"皇家园林体系中，对圆明园在清代政治生活中的重要地位作一探讨。

一、"三山五园"体系的形成

康熙在海淀筑畅春园，开有清一代皇帝园居风尚。自此，北京西郊成为清代皇家苑囿建设的重点地区。尤其是乾隆朝，先后改建和增建康熙、雍正时在北京西郊兴建的皇家园林畅春园、圆明园、玉泉山静明园、香山静宜园，并借疏浚西湖的机会新修了万寿山清漪园。这就是人们常说的"三山五园"。"三山五园"构成了一个完整的苑囿体系。有关畅春园和圆明园的修筑情况，前已述及。

玉泉山，山以泉名，被乾隆誉为"天下第一泉"。这里有金章宗芙蓉殿旧址。康熙十九年（1680 年），在此建行宫，命名为澄心园。康熙三十一年（1692 年）更名为静明园。乾隆年间，大加修葺，建成著名的十六景：廓然大公、芙蓉晴照、玉泉趵突、竹鑪山房、圣因综绘、绣壁诗态、溪田课耕、清凉禅窟、采香云径、峡雪琴音、玉峰塔影、风篁清听、镜影涵虚、裂帛湖光、云外钟声、翠云嘉荫。

香山，层峦叠嶂，沟壑纵横，甘泉清冽，流泉飞瀑，繁花异树，景致迷人。康熙帝喜爱山川，"于西山名胜古刹，无不旷览"[1]。为游幸方便，于康熙十六年（1677年）在香山建立行宫，时时游幸，"质明而往，信宿而归"[2]。乾隆八年（1743年）首次游幸香山后，就对这里的山水乐而忘返，"自是之后，或值几暇，辄命驾焉"。乾隆十年（1745年），在旧有行宫基础上大兴土木，建轩构亭，第二年三月园成，取"动静有养"[3]之意，命名为"静宜园"。经乾隆题写，园中凡二十八处胜景：勤政殿、丽瞩楼、绿云舫、虚朗斋、璎珞岩、翠微亭、青未了、驯鹿坡、蟾蜍峰、栖云楼、知乐濠、香山寺、听法松、来青轩、唳霜皋、香嵓室、霞标磴、玉乳泉、绚秋林、雨香馆、晞阳阿、芙蓉坪、香雾窟、栖月崖、重翠崦、玉华岫、森玉笏、隔云钟。依托西山的静宜园，是一处以山景取胜的园林。

万寿山原名瓮山，以其山形似瓮而得名。明代，山上建有圆静寺。乾隆十五年（1750年），因第二年为乾隆生母六旬大寿，在寺庙旧址上建大报恩延寿寺，以为太后祈福延寿，并将瓮山改名

① 乾隆：《御制静宜园记》，见《日下旧闻考》卷八十六，第1438页。
② 乾隆：《御制静宜园记》，见《日下旧闻考》卷八十六，第1438页。
③ 乾隆：《御制静宜园记》，见《日下旧闻考》卷八十六，第1438页。

为万寿山。第二年，又疏浚山前之西湖，易名为昆明湖。此后，陆续添建亭台楼阁，于乾隆二十九年（1764 年）建成。清漪园极尽湖光山色之美，深得乾隆赞赏，对其评价很高："何处燕山最畅情，无双风月属昆明。"[1]

畅春园、圆明园、香山静宜园、玉泉山静明园、万寿山清漪园，就构成了著名的"三山五园"皇家园林体系。

不过，对"三山五园"这个称谓，学界见仁见智。"三山"指香山、玉泉山、万寿山，这是学界的共识。"五园"究竟指的是哪五座皇家园林，则意见分歧。普遍的看法是，"五园"指畅春园、圆明园、静宜园、静明园、清漪园。对此，张恩荫先生提出了不同的见解。他认为："'三山'是专指万寿山、玉泉山和香山，但同时也应包括相应的清漪园（颐和园）、静明园、静宜园。这三处园林不能作山、园重复计算。'五园'原本指称，其实就是'圆明五园'（圆明园、长春园、绮春园、熙春园、春熙院）；但后来已演变成对西郊皇家园林的泛称了。"[2] 张恩荫先生的解释有一定道理，但也存在偏颇之处，即将康熙时营建的清代第一座皇家园林——畅春园漏掉。清代"西郊皇家园林设置管园大臣者仅三处，即圆明园、三山和畅春园"[3]，如果将畅春园漏掉的话，

---

① 乾隆：《昆明湖泛舟》，见《清高宗御制诗二集》卷二十九。

② 张恩荫：《再析"三山五园"》，见北京市园林局史志办公室编：《北京园林丛考》，北京科学技术出版社 1996 年版，第 90 页。

③ 张恩荫：《再析"三山五园"》，见北京市园林局史志办公室编：《北京园林丛考》，北京科学技术出版社 1996 年版，第 85 页。

则不合情理。并且，如前所述，所谓的"圆明五园"存在的时间不过短短20来年，并不为人所熟知，人们熟悉的仍是"圆明三园"。因此，以"圆明五园"指代"五园"，并认为这个称谓后来"演变成对西郊皇家园林的泛称"的提法，有欠妥当。

在清代官方的志书、实录、会典、档案中，并未发现有"三山五园"的专称。"三山"一词，在乾隆中叶就见诸官方记载。清代，专设三山大臣，管理三山事务。在《大清会典·内务府苑囿》中，专列三山职掌条目。至于"五园"之称，在清代档案和志书中并不独立成词，只是在乾隆五十一年（1786年）之后，在内务府的圆明园岁修工程《奏销折》中，多次见到"圆明园、长春园、熙春园、春熙院等五园"这种提法。可见，官方记载中并没有指明"五园"就是"圆明五园"，"五园"并非是官方对圆明园的专用称谓。

香山、玉泉山、瓮山（乾隆十五年改为万寿山）在明代就久负盛名，虽然官方和民间没有对其特称"三山"。清乾隆朝，在此三座名山上分别构建了三座大型皇家苑囿：静宜园、静明园、清漪园。这些园林代表了清代皇家园林建设的成就名气很大，即以山、园对应呼之：香山静宜园、玉泉山静明园、万寿山清漪园，加上圆明园、畅春园而称为"三山五园"。这个称谓成为民间对鼎盛时期清王朝北京西郊皇家园林的美誉。到道光朝，畅春园日渐荒废。"三山五园"就演变为对北京西郊皇家园林的泛称了。至于"圆明五园"，在清代并未久负盛名，以其为"演变成对北京西郊皇家园林"的称谓基础，显然有失偏颇。

因此，笔者认为，"三山五园"是民间对清王朝鼎盛时期北京西郊以"三山（香山、玉泉山、万寿山）五园（畅春园、圆明园、静宜园、静明园、清漪园）"为代表的皇家园林的统称。

在"三山五园"这个园林大系统中，每个子系统又因其发挥作用的不同而处于不同的地位。其中，圆明园就以其重要的政治地位而居"三山五园"之首位，这是它不同于其他皇家园林的地方。下一节，我们将对此问题作重点探讨，以揭示圆明园在清代政治生活中重要的地位和作用，以发掘圆明园的历史内涵。

二、圆明园在"三山五园"体系中独特的政治地位

圆明园作为清代五朝皇帝临朝听政、莅官治事之所，实际上成为国家的政治中心，在清代政治生活中有着重要的地位。正是由于它特殊的政治职能而被特称为"御园"，并有着一整套严密的安全保卫制度，以及为帝后生活配套的各种设施。

（一）"三山五园"不同的职能

畅春园是清代第一座皇家园林，是康熙帝园居理政的场所。畅春园在康熙朝发挥着"御园"的作用。

雍正初年，开始修建圆明园。雍正三年（1725 年）八月，雍正帝首次驻跸圆明园，他强调在园内办事，与宫中无异。从此他以圆明园为临御视事之所，每年"都来圆明园长住，少则 185 天，多则 247 天，直到雍正十三年（1735 年）八月二十三日病逝于园

内寝宫。这 11 年间，他累计在圆明园居住 47 次 2314 天，每年平均为 4 次 210 天"①。从雍正帝园居的时间可以看出，虽然雍正帝对圆明园这种"御园"的地位没有作出明确规定，但它实际上已经成为清王朝的政治中心。它独特的政治地位就是在雍正朝确立的。圆明园已经取代畅春园而成为"御园"。

乾隆朝，"三山五园"以不同的职能而各具特色。对它们的职能分工，乾隆帝曾有明确的规定："畅春以奉东朝，圆明以恒莅政，清漪、静明，一水可通，以为敕几清暇散志澄怀之所。"②可见，在乾隆朝，"三山五园"的功用分三种：一是"以恒莅政"的圆明园；二是"以奉东朝"的畅春园；三是"散志澄怀"的清漪园、静明园。虽然乾隆没有提到香山静宜园，不过香山静宜园的功用与静明、清漪两园相同。于敏中在《日下旧闻考·国朝苑囿》起始处的按语，对此作了详细的补述："畅春园创自圣祖，圆明园启自世宗，实为勤政敕几、劝农观稼之所。皇上绍庭继述，每岁恭值驾幸圆明园，凡莅官治事，一如内朝，晷刻靡间。其旁近园居若清漪、静明、静宜诸园，规制朴略，以备岁时观省。"③可见，圆明园的职能就是"以恒莅政"的政治中心。它与其他"四园三山"联合发挥作用，为清帝的园居、游憩提供了功能齐全的服务体系。

---

① 张恩荫：《圆明大观话盛衰》，紫禁城出版社 1998 年版，第 20 页。
② 乾隆：《御制万寿山清漪园记》，见《日下旧闻考》卷八十四，第 1393 页。
③ 《日下旧闻考》卷七十四，第 1231 页。

乾隆还将圆明园"以恒莅政"的政治地位定为规制，以为后世子孙遵守。乾隆四十二年（1777年）正月二十九日，他颁布一道谕旨，将圆明园定为"理政办事之所"，并要求后世子孙永远遵守。"若圆明园之正大光明殿，则自皇考世宗宪皇帝爰及朕躬，五十余年莅官听政于此，而门前内阁及各部院朝房左右环列，规模远大，所当传之奕禩子孙，为御园理政办事之所，恐万年后子孙有援九经三事之例，欲将正大光明殿改换黄瓦者，则大不可……至园内之长春园及宫内之宁寿宫，乃朕葺治为归政后所居，将来我子孙有绍美前休、耄期归政者，亦可留为憩息之地，均不宜轻事更张。若畅春园则距圆明园甚近，事奉东朝，问安侍膳，莫便于此，我子孙亦当世守勿改。著将此旨录写，封贮尚书房、军机处各一份，传示子孙，以志毋忘。"①

实际上，乾隆帝本人也身体力行，以圆明园为长期居住理政之地，其他的几个皇家园林均是偶一游幸，以为后世子孙的榜样。

乾隆三年（1738年），乾隆帝首次驻跸圆明园。在其后的58年间，他"累计在圆明园居住640次7310余天，年均11次126天"②。表面看来，乾隆园居的时间不长，年均只有4个多月。但是，乾隆帝是个性喜巡游的皇帝，他在位的60年间，"曾先后6次南巡江浙、6次西巡五台、1次巡游嵩洛、4次到关外祭祖陵、5次去山东祭岱岳谒孔庙、7次巡视河淀津沽、数十次拜谒东西陵，

---

① 《国朝宫史续编》卷二，第16—17页。
② 张恩荫：《圆明大观话盛衰》，紫禁城出版社1998年版，第21页。

他还在南苑行围 38 次 133 天，去盘山静寄山庄游住 29 次 141 天，而且几乎每年都去承德避暑和木兰秋狝（在围场打猎）两个多月至四个多月"①。除去这些时间，他园居的时间比他宫居的时间（每年 110 天左右）仍然要长。

畅春园在乾隆朝为奉养皇太后之所。乾隆事母至孝，居圆明园理政期间，到畅春园给皇太后问安视膳，在畅春园无逸斋或西花园讨源书屋"传膳办事"，当天返回圆明园。到清漪园游览，也是"过辰而往，逮午而返，未尝度宵"②。乾隆偶尔驻跸香山，也不过三五日，以玉泉山静明园为往返香山和圆明园之间的传膳办事之所。这在他的诗及诗注中都有所反映："每自香山还御园，率临玉泉山传膳视事。"③"自香山取道玉泉传膳视事毕，遂划舟由西海至畅春园问安，归圆明园。"④乾隆二十三年（1758 年），他在《御园漫题诗》中作注道："迩年来如香山、万寿山、静明园，偶一游历辄成数什，而日日居御园中其作反少，故戏及之。"⑤可见，乾隆帝大部分时间居圆明园理政。

嘉庆朝，皇帝仍居圆明园理政，不过以三园之一的绮春园为主要场所。虽然嘉庆帝在大内、御园及京郊各苑囿的活动基本和乾隆朝相似，并曾多次到热河举行秋狝，但他很少外出巡幸，所

① 张恩荫：《圆明大观话盛衰》，紫禁城出版社 1998 年版，第 21 页。
② 乾隆：《御制万寿山昆明湖记》，见《日下旧闻考》卷八十四，第 1393 页。
③ 乾隆：《夏日玉泉山》，见《清高宗御制诗二集》卷十。
④ 乾隆：《首夏奉皇太后御园行乐之作》，见《清高宗御制诗二集》卷九。
⑤ 乾隆：《御园漫题》，见《清高宗御制诗二集》卷八十五。

以，他在圆明园居住的时间比乾隆要长。嘉庆六年（1801年）四月，驻跸圆明园，该年在圆明园居住143天。嘉庆十七年（1812年）、二十四年（1819年）分别为161天和198天，"上述3年平均居住圆明园11次167天"。至于"三山"，一如乾隆朝只是偶尔游幸。据《养吉斋丛录》记载："万寿山、玉泉山、香山称三山。乾、嘉两朝，翠华不时临幸，或驻跸数日，或即还御园。其临幸时，在何处传膳办事，召对臣工，先一日传知，俗谓之'挪动'。"①"挪动"一词，生动地表明了圆明园作为皇帝"大本营"不可替代的政治地位。

道光朝，皇帝居圆明园九州清晏，畅春园坍塌后，奉养皇太后于绮春园。道光初年，三山"间有春秋游豫"。由于国势日衰，财用不足，道光帝首先停止了热河避暑和木兰秋狝，后来又减少了去"三山"各园的游赏，其他巡游、行围活动也一并减少，以示节俭。这样，他在圆明园居住的时间就越来越长。"据道光三、八、十一、十五、十九、二十、二十三、二十九年统计，他住圆明园最短的正是第一年的201天，最长的则是最后一年竟达354天（有闰月）。这8年间，年均居住圆明园9次262天。"②

咸丰二年（1852年）四月二十二日，咸丰帝首次驻跸圆明园。当年园居10次133天，并恢复了"三山"的游幸，"稍稍循乾、

---

① 吴振棫：《养吉斋丛录》卷十八，北京古籍出版社2005年版，第239页。
② 张恩荫：《圆明大观话盛衰》，紫禁城出版社1998年版，第22页。

嘉旧制"[①]。咸丰三年（1853年）、四年（1854年），没有继续园居。咸丰五年（1855年），咸丰帝不顾臣僚的反对，重新到圆明园居住。此后，连年园居，直到咸丰十年（1860年），他还在圆明园住了212天。

可见，清代从雍正到咸丰五代皇帝长达136年（1725—1860年）的时间内，圆明园是皇帝理政的场所，行使着"御园"特殊的政治职能，是清王朝实际的政治中心。

（二）圆明园——清王朝实际的政治中心

全盛时期的圆明园，在国内政治生活中占有极重要的地位，同时在国际交往中也有一定的影响。

1. 清王朝的政治中心

（1）"建设轩墀，分列朝署"

圆明园是一座典型的离宫型皇家园林，兼具"御苑"和"宫廷"的双重职能。为适应皇帝园居理政的需要，雍正初年就已在园子的南部建构了一个"外朝区"，部署中央各部院机构，"建设轩墀，分列朝署，俾侍值诸臣有视事之所。构殿于园之南，御以听政"。

这一"外朝区"共三进院落。第一进为大宫门，宫门共五楹，坐北朝南，门前左右朝房各五间。其后，又东西各有曲尺形拐角朝房27间。东边为宗人府、内阁、吏部、礼部、兵部、都察院、理藩院、翰林院、詹事府、国子监、銮仪卫、东四旗各衙门值房。

---

① 吴振棫：《养吉斋丛录》卷十八，北京古籍出版社2005年版，第239页。

西边为户部、刑部、工部、钦天监、内务府、光禄寺、通政司、大理寺、鸿胪寺、太常寺、太仆寺、御书处、上驷院、武备院、西四旗各衙门值房。西夹道之西南为造办处，又南边为药房。整个大宫门区是皇帝园居时发号施令的地方。第二进为二宫门——"出入贤良门"，宫门五楹，门左右为值房，前跨石桥，过桥有东西朝房各五楹，西南为茶膳房，再西为翻书房，东南为清茶房，为军机处。第三进为圆明园正殿——正大光明殿，是皇帝上朝的地方，宴请外藩，寿诞受贺也在此举行。正殿的东侧是"勤政亲贤殿"，"为常时听政之所，皇上（乾隆）御极后，每岁初春即驻跸于此，咨度机务，引见百官，皆习以为常"①。西侧为翻书房和内膳房。

中央各部院机构常驻圆明园，使得这座御园成为一个具体而微的小朝廷，尽管在"三山"也设有朝房和皇帝听政之所，但并不常设中央政府机构。皇帝临幸某处，召对臣工必须提前一日通知，即所谓的"挪动"。这是圆明园独特政治地位的一个突出表现。

（2）园居理政，轮班奏事

园居的制度化。从雍正三年（1725 年）开始，圆明园就正式成为清代皇帝春、夏、秋三季临御听政之所。他们一般在冬至大祀之前进宫，第二年初春新正郊礼之后立即回园。除去夏季去热河行宫避暑外，全年有三分之二以上的时间在圆明园居住，几成定例。从雍正到咸丰，清朝的几代皇帝都是如此。紫禁城仅仅是

---

① 《皇朝通志》卷三十三。

皇权的象征和举行大典之处。对此，《养吉斋丛录》有详细记载：
"曩制，正月上辛，郊礼告成，即移跸御园……至大祀前夕，入宫斋戒，若有他故，则别撰良辰，不拘此制。初次幸园，具卤簿，作乐以迓新韶吉祉。初次由园回宫，礼亦如是。如值斋期，则排羽仗，而设乐不作。至冬还宫，向时多以仲月，其后或以季月，宫眷皆从，俗谓之大搬家。"[①]皇帝园居时，王公大臣为便于入园办事，或有皇帝赐园，"翰林有澄怀园，六部司员各赁寺院"[②]，在海淀一带形成了"内廷大臣，赐第相望，文武侍从，并直园林"的局面。那时，文武大臣由京城到圆明园奏事，夜半就得起程，德胜、西直二门外，车马络绎。到嘉庆二十年（1815 年），方允许可卯刻到园。

园居理政的制度化——"办理政事，与宫中无异。"[③]清代五朝皇帝都以圆明园为园居理政场所，并反复强调"御园莅政视事与朝内无异"[④]，主要体现在以下几个方面。

第一，御园理事，也叫御门听政。

御门听政，是皇帝召见臣僚、处理政务的一种形式，只在大内和御园举行。在大内于乾清门听政，称为御门听政。圆明园听政，则在勤政殿，称为理事，所谓"宫廷曰御门，园林曰理事"[⑤]。听

① 吴振棫：《养吉斋丛录》卷十三，北京古籍出版社 2005 年版，第 178 页。
② 震钧：《天咫偶闻》卷九，北京古籍出版社 1982 年版，第 200 页。
③ 《清世宗实录》卷四〇，雍正四年正月癸丑。
④ 乾隆：《北郊礼毕还御园因成五绝句》，见《清高宗御制诗四集》卷四十三。
⑤ 乾隆：《理事》，见《清高宗御制诗三集》卷十三。

政的次数和日期，均无定制。乾隆时期，每年在园内听政通常为四至六次，少则一次，多达九次不等。御门听政，冬春两季从辰初三刻（7时3刻）开始，夏秋两季则为辰正三刻（8时3刻）。皇帝升座后，内阁六部依次进本奏事。奏事的顺序为：户部、礼部、兵部和工部轮流居首，刑部第三，吏部总是第六，俗有"刑三吏六"之说。宗人府奏事，则又在部院之先。部院奏事完毕后，轮到外官奏事，最后由大学士、军机大臣承旨。

第二，常朝办事和每日轮班奏事制度。

清代皇帝处理政务的场所主要在圆明园大宫门内的前朝区。正大光明殿是圆明园的正殿，是举行重大典礼的地方，其功能类似于大内的太和殿和保和殿。正大光明殿东侧的一组建筑——勤政亲贤殿是举行御门听政和常朝办公的地方。

清代中前期的皇帝都勤于政务，除经常御园理事外，对每日的常朝也是身体力行。以乾隆皇帝为例，他每天早上卯刻（5时）起床，从九州清晏乘轿到勤政殿进膳，开始处理政事。像皇帝这种日常办事，称为常朝视事。内容分为三方面：一是批阅大臣的奏章。二是召见轮班奏事的部院旗营大臣及觐见的外官大员，或一人独见，或数人同见，每日必有四五起。三是召见军机大臣，指示和咨度机务。圆明园召见，多在勤政殿。殿为南向五间，殿中由隔扇分为前后室，殿东有套间叫东书房。夏天召见在殿中，春秋则在书房。勤政殿东面为芳碧丛。盛夏时候，皇帝在此披览奏章，传膳办事。

皇帝园居理政期间，为配合皇帝的常朝处理政务，制定了一套独特的官员奏事制度。

雍正皇帝刚园居时，部院奏事没有规章制度，于日常朝政的处理非常不便。雍正三年（1725年）八月，皇帝首次驻跸圆明园，强调他在园内办事，与宫中无异。凡各部院衙门应办之事，照常办理。如有奏事，不可迟误。雍正帝勤于政务，但有时各部院竟无人奏事。对此，他大为恼火，再次重申了园内与宫中办事相同的原则，并颁布谕旨一道，确立了"每日一旗一部"，文职分为九日一轮，武职分为十日一轮的轮班奏事制度。在谕旨中，雍正帝规定："今日朕坐勤政殿，以待诸臣奏事，乃部院八旗，竟无奏事之人，想诸臣以朕驻圆明园，欲图安逸，故将所奏之事，有意简省耶！朕因郊外水土气味，较城内稍清，故驻跸于此，而每日办理政事，与宫中无异……又见各衙门奏事，有一日拥集繁多者，有一日竟无一事者，似此太觉不均，以后八旗为八日，各分一日轮奏，部院衙门，各分一日轮奏，六部之外，都察院与理藩院为一日，内务府为一日。其余衙门，可酌量事务之多寡，附于部院班次，每日一旗一部，同来陈奏，则朕每日皆有办理之事，而不来奏事之大臣，又得在京办理，诚为妥便。"①

轮班奏事制度确立后，各部院遇到值班之日，即使无事可奏，也应随班伺候，递一折片，称为无事片；如果有紧要事件，可以允许不论班次启奏，称为加班；凡应奏不奏者，部院堂官要

---

① 《清世宗实录》卷四〇，雍正四年正月癸丑。

受降两级留任处分；如旷班不到者，则降三级调用，轻者扣罚一年薪俸。

这一制度从雍正四年（1726年）至嘉庆二十年（1815年）遵行了89年之久。嘉庆二十年（1815年）六月进行了相应的调整，将文职九日轮流奏事改为八日，将奏事不多的衙门并入其他班次，减去一班，改为八班，"以都察院归入刑部、大理寺，合三法司为第五班，以内务府、国子监为第七班，理藩院与銮仪卫、光禄寺为第八班"，"如此酌量变通，则繁简适均，庶无一日旷闲，其事繁之部院衙门仍不论班次，随时来园奏事，即自本月十九日吏部直班之日为始，各照新例，按班轮直"①。轮班奏事制度因此而日趋完善。

第三，军机值班及军机处册档。

皇帝园居时，协助皇帝处理军国大事的重要机构——军机处也随驾驻园值日。圆明园如意门内御河之南为军机堂，堂的右边为满章京值房，前面为汉章京值房，军机大臣入值，由如意门进入。园内章京值庐，一在挂甲屯，一在冰窖。军机章京在圆明园值班时，"每四日为一班，谓之该园班。每班直日亦二人，分班轮算，与在城同。直务毕，则聚居于外直庐，所谓七峰别墅者也。凡直日者，为本班，不直日者，为帮班。凡园班，于第四日散直后，不直日者先入城。惟达拉密与本班必留宿，以俟次日交班，谓之不截尾。凡园班，值上进宫，在每班第五日，则带直一日，为五

---

① 《皇朝掌故汇编》内编卷一《官制一》。

日班。若在每班之第六日，则仍于第五日换班"[1]。为便于处理政务，军机处重要档案文件也存于圆明园。《皇朝掌故汇编》载："军机处册档二分，一存方略馆，一存圆明园。""该章京等在内该班不及兼顾园中直房，应片行圆明园八旗住宿官兵小心守护，如有应行取用档案，开单交片提取，派员领回。"[2]圆明园重要的政治地位由此可知。

此外，诸如皇太子册封仪式、召见官员、散馆等重要仪式也都在正大光明殿举行，一如大内仪制。

（3）筵宴娱乐，民族联情

圆明园作为"御园"，在这里举行了许多具有政治意义的筵宴和娱乐活动。比如，一年一度皇帝的生日受贺，新正曲宴宗室亲藩，小宴廷臣，中元筵宴，召见蒙藏回朝正外藩、西南土司首领、台湾番社首领，接待暹罗、缅甸、朝鲜等国使臣，以及正大光明殿观看庆隆舞、山高水长殿看烟火百戏、同乐园听戏、福海龙舟竞渡等。这些活动成为巩固民族团结、加强皇权统治的必要形式。这一目的往往能从乾隆的诗中得到反映。乾隆在曲宴宗室时有诗云："澹华去侈心恒念，遇节行时情亦联。"[3]乾隆借曲宴宗室活动一方面对诸王进行"澹华去侈"的教育，另一方面表达了"联情"的情怀。筵宴蒙藏回各部首领是为了"以示加惠远人至意"[4]。

① 吴振棫：《养吉斋丛录》卷四，北京古籍出版社 2005 年版，第 57 页。
② 《皇朝掌故汇编》内编卷一《官制一》。
③ 乾隆：《上元前一日小宴宗藩》，见《清高宗御制诗四集》卷十。
④ 乾隆：《新正设武帐宴新旧外藩》，见《清高宗御制诗五集》卷二十三。

平定金川后，"四川各土司俱以朝政来京"①，乾隆也示以安抚，请他们元宵入宴观灯。台湾林文爽起义被镇压之后，"屋鳌、阿里山、大武垅、傀儡山四社头目及番目等，呼恳入觐，既允其请，兹并令与观灯火，以示宠异"。②乾隆帝还挥毫赋诗道："聊情中外异常年，海峤新番命入筵"③。为了减少与这些少数民族首领语言交流上的障碍，他于乾隆八年（1743年）开始学习蒙古语。乾隆二十五年（1760年）平定回部后学习回语。乾隆四十一年（1776年）平定大小金川，学习番语。乾隆四十五年（1780年），因班禅觐见，又开始学习唐古特语。所以到乾隆五十二年（1787年），接见蒙古回部及西南土司时，乾隆帝无须借助翻译，即可以用这些民族的语言和他们交流，"以其语慰问，无借通译，元夕命新旧诸藩入同乐园随观灯火，并燕笑联情，用示柔远之意"④，从而达到安抚和联情的目的。

（4）"天朝大国，无所不有"——圆明园与清代外交

圆明园不独在国内政治生活中发挥着重要的作用，在中外交往中也产生了重大影响。在此，乾隆接见过葡萄牙、荷兰、英国等国的使臣。乾隆五十八年（1793年）英国马戛尔尼使团来访，这是中外关系史上的一件大事，对中英关系产生了深远的影响。需要指出的是，为中英首次接触提供活动舞台的就是清代两处著名

---

① 乾隆：《上元灯词》，见《清高宗御制诗四集》卷四十二。
② 乾隆：《上元灯词》，见《清高宗御制诗四集》卷四十四。
③ 乾隆：《上元灯词》，见《清高宗御制诗四集》卷四十四。
④ 乾隆：《上元灯词》，见《清高宗御制诗四集》卷三十五。

的皇家园林——圆明园和承德避暑山庄。可见，这两处园林在清代外交活动中的作用。乾隆对英使首次来访相当重视。使团在避暑山庄参加了乾隆83岁寿辰的庆祝活动。到北京后，又让他们游览了圆明园及西洋楼各处水法，并将其赠送的天文、地理仪器八件安放于圆明园正大光明殿。对使团提出的领土割让等无礼要求，乾隆严词拒绝。马戛尔尼使团访问使英国在一定程度上了解了清王朝的虚实，为以后发动侵略战争做了准备。

总观清前期和中期，圆明园是五朝皇帝临朝听政的处所，是国家的大政方针的决策之所。因此，圆明园在清代有着独特的政治地位，是清政府实际的统治中心。

圆明园既为清王朝的统治中心，对其安全保卫工作不亚于紫禁城。以下，我们从安全保卫这一视角出发，通过对圆明园的禁卫森严的安全系统进行分析，进一步论证圆明园作为政治中心的重要地位。

2. 戒备森严的宿卫

圆明园作为皇帝园居理政的政治中心，对其保卫戒备、保证皇帝的人身安全十分必要。从雍正年间开始兴建圆明园，就为这一禁苑的安全保卫制定了严密的措施和周密的部署。到乾隆朝，已经形成了一套完整的安全保卫体系，可谓重兵把守，层层设防。圆明园的安全保卫体系可以分为以下三个层次：

第一，对园内园户、匠役等出入门禁的稽查和管理。

圆明园地域广阔，殿宇及各项配套设施众多，园内除大量太监应承差务外，还役使着大批园户、匠役、花匠、闸军、水手等各类杂役人员。作为园庭禁地，为防止闲杂人等蒙混出入，对园户、匠役出入门禁的管理非常严格，具体采取了以下措施：

铸造火印腰牌。乾隆十六年（1751年）六月，圆明园按照紫禁城旧例铸造火印腰牌，腰牌上注明园户、匠役的年岁、面貌特征，并烙上"圆明园记"火印。园户或匠役当差处官员同时造写年貌簿册，并要求"出具保结"，然后发给面貌对牌一块，以为出入查验的凭据。每日进入各门由总领或副总领一员查验腰牌，详对年貌，并由该门值班护军参领、护军校、护军等严行盘查，再交该处首领带进园内当差，出门时仍需查验放行。[①] 嘉庆八年（1803年），因火印腰牌历时长久，字迹模糊，决定改铸新牌，原有腰牌上仅铸"圆明园记"，此次改铸"圆明园火印腰牌"和"嘉庆八年颁发"字样，腰牌上注明园户、匠役的年岁、面貌，以备查验。

圆明园内外出入规条十四项。嘉庆六年（1801年），为进一步强化门禁管理，专门制定了圆明园内外出入门禁规条十四项，具体规定不同类型的园户、匠役要从不同的园门出入。园内养蚕户、种水田农夫，俱点名后由北楼门出入；园内应进供桌泉水并喇嘛、种地庄头、农夫，俱点名后由西北门出入；晾船水手、网户人等，及如意馆匠作和西洋人等，由福园门出入；懋勤殿匠役人等，由西南门出入；长春园当差员役人等，俱由澹怀堂右门出

① 中国第一历史档案馆编：《圆明园》（下），上海古籍出版社1983年版，第1040—1042页。

人；绮春园当差员役人等，点名后俱由绮春园西宫门出入。[①]各园户、匠役当差出入时，按名查点，其他人等一概不准擅入。

放匠规定。几乎每天都有大量工匠进入圆明园内工作。为严肃门禁，确保安全，对放匠的次数、人数均有规定，并记载在册。嘉庆十年（1805年），颁布谕旨规定，园内遇有修建活计，应放匠进入时，内务府大臣应派人查点，"将某处放匠次数、人数按月具折，随月折汇奏，毋许太监等任意传唤，擅自出入，以昭严肃"[②]。

第二，绿营精兵、步军巡捕中营对圆明园附近地区社会治安的稽查和汛守。

"汛守"，即清代绿营兵驻防制度。作为皇家禁苑的圆明园，其附近地区社会治安的整顿极为重要。在其周围布置绿营兵，守护规制与紫禁城相同。圆明园附近地区的汛守之制，始于雍正元年（1723年），当时设"圆明园守备二，千总一，把总一"[③]。同时设巡捕营，马兵汛15处，步兵汛52处。遇皇帝驻跸御园，各守备在通衢要道，千总、把总在僻巷之处严加稽查，昼夜巡逻。雍正三年（1725年），圆明园正式成为皇帝御园，守卫圆明园的绿营兵额也相应从620人增至1000人。[④]乾隆四十六年（1781

---

① 中国第一历史档案馆编：《圆明园》（下），上海古籍出版社1983年版，第1046—1047页。

② 中国第一历史档案馆编：《圆明园》（下），上海古籍出版社1983年版，第1048页。

③ 周家楣、缪荃孙编纂：《光绪顺天府志》卷八《京师志八·兵制》，北京古籍出版社1987年版，第228页。

④ 中国第一历史档案馆编：《圆明园》（上），上海古籍出版社1983年版，第18页。

年），步军统领于京城内外设中、南、北、左、右五个巡捕营，其中巡捕中营管理圆明园一带五汛：圆明园汛、畅春园汛、树邨汛、乐善园汛、静宜园汛。"以圆明园为驻跸处，列巡捕营之首"[1]，主要负责以圆明园为中心的西郊地区的安全保卫，稽查附近地区的社会治安，防止滋生事端，严行查禁附近旗民饮酒聚赌，聚众闹事。道光十六年（1836年），为防止奸匪潜藏圆明园周围一带村庄，实行保甲制度，编制门牌，设点循环呈簿，并严行纠察，使"奸匪无托足之区"。

第三，八旗劲旅——圆明园护军营对皇帝出入警跸保卫、环园门汛及整个圆明园地区保卫。

清代，驻守京城附近的八旗兵称为禁旅八旗，主要守护皇宫、园囿及园寝。在京西"三山五园"皇家园林区，驻扎着三大旗营：圆明园护军营、香山健锐营和外火器营，习惯称"外三营"，保卫着"三山五园"这一重要区域。其中圆明园护军营就是专为保卫圆明园而建，所谓"护军之驻圆明园者别为营"[2]。

圆明园护军营由圆明园八旗护军营和内务府三旗护军营组成，统称"圆明园八旗内务府三旗护军营"。雍正二年（1724年）正式设置圆明园八旗护军营，八旗营房分布于圆明园东西北三面，具体是：镶黄旗营房在树邨西；正黄旗营房在萧家河北；正白旗

---

① 周家楣、缪荃孙编纂：《光绪顺天府志》卷八《京师志八·兵制》，北京古籍出版社1987年版，第229页。

② 周家楣、缪荃孙编纂：《光绪顺天府志》卷八《京师志八·兵制》，北京古籍出版社1987年版，第257—258页。

营房在树邨东；镶白旗大营房在长春园东北，小营房在长春园东；正蓝旗营房在海淀东；镶蓝旗营房在广仁宫西；正红旗营房在安河桥东北；镶红旗营房在静明园东北。①这八处营房环绕圆明园而建，专司护卫圆明园之责。

内务府三旗护军营设立于雍正三年（1725 年），"选三旗中材武出众之弟子，及各执事效力人等之可任者为之，分班入值"②，营房在成府邨东，主要职责是掌圆明园各宫门门禁。

总体来说，圆明园护军营是为守卫圆明园及保卫皇帝从紫禁城到圆明园等处沿途安全而特设的军队，其具体职责是：第一，"驾驻园出入则警跸"③，负责皇帝来往大内和圆明园之间，以及由圆明园到清漪园、静明园、静宜园等处沿途警戒清跸任务。第二，"环园门汛，皆直班以守卫"④，负责圆明园各门的值班和守卫。雍正二年（1724 年），圆明园门汛警跸点共有百处，每日以营总 4 人，副护军参领 8 人，署护军参领 16 人，护军校护军千人入直，夜传更筹十六。乾隆四年（1739 年），圆明园改为门汛 76 处。⑤乾隆十年（1745 年），长春园建成，又增长春园门汛 20 处。随着圆明三园的建成，护军的人数也不断增加。到乾隆二十七年（1762 年），圆明园护军营营房达 12000 间。

---

① 《清会典》（光绪朝）卷八八《圆明园护军营》。
② 《北京市志稿》（二），《民政志·警察二》卷四，第 352 页。
③ 《清会典》（光绪朝）卷八八《圆明园护军营》。
④ 《清会典》（光绪朝）卷八八《圆明园护军营》。
⑤ 《清会典事例》卷一一六七《圆明园护军营·职掌》，第 634 页。

3. 为皇室服务的各类库储和作坊

圆明园是另一个"紫禁城"。凡紫禁城所有的，圆明园皆有。皇帝在此长期园居理政，相应的生活享乐设施一应俱全。为此，圆明园内专门建立了类似紫禁城的各类库房和各种作坊，提供各种物资的储备、供应和制作，满足皇帝园居生活的需求。库房主要有：粮库、柴炭库、金库、银库、器皿库、活计库，甚至还专设金棺库和丧仪木器库，存放帝后死后用的金棺及丧仪等物品。此外，御园内还设有分工细致、技术精良的近40种手工艺作坊，制造各种用具、装饰物和陈设。这些作坊有：木作、铜作、皮作、雕銮作、漆作、玉作、画作、裱作、镶嵌作、大器作、撒花作、油作、金玉作、镀金作、灯作、刻字作、广木作、砚作、珐琅作、盔头作、硬木装修作、佛作、裁作、陈设作、杂活作、花儿作、绣作、绦作、油木作、皮裁作以及铸炉作等。这些作坊制作了种类繁多的艺术作品，为圆明园增添了光彩。

第三章

圆明园与中西文化

我国是一个具有悠久历史和灿烂文化的国家，圆明园就是这片文化沃土上培育出来的一枝光彩夺目的奇葩。园中的一草一木、一亭一榭，都深深铭刻着传统文化的印记。通过繁花异树、馆阁亭台，可以解读到我国传统的主流价值观念，可以体味到传统文化的博大精深和源远流长。这就是圆明园的历史之美和文化之美。

同时，这座大型的皇家园林还汲取异域建筑文化之精华，铸造了中西合璧的园林精品——西洋楼。西洋楼是18世纪中西文化交流史上的一个形象标志，圆明园成为当时中西文化交流的基地。

第一节
圆明园与中国传统文化

圆明园根植于我国传统文化的沃土。我国传统的学术思想、文学绘画艺术、建筑园林艺术、宗教文化对其立意、造景有着深刻的影响。通过圆明园，我们看到了传统文化的精神和精髓，看到了传统文明的生生不息和传承。圆明园是中华民族精神和文化的载体。本节以圆明园四十景为主，探讨圆明园与我国传统文化的关系。

一、圆明园与传统的学术思想

儒家学说、道家学说是我国传统的学术思想，共同组成中国传统文化的主体。儒家追求入世，注重实际，有高度的社会责任感和使命感，因而重视个人道德修养，关注社会生活实际和人伦道德，将治国安邦作为人生追求的终极目标，具有强烈的政治意识。以老庄为代表的道家思想崇尚自然，向往自然状态的生活，带有浓厚的浪漫主义色彩。作为文化载体的中国古典建筑不可避免地受到两者的影响。圆明园是我国古典园林建筑艺术的杰作，它在造园艺术上汲取了我国传统学术思想的精髓，集中体现了儒、道两家的思想，创造出既表达儒家的价值观念，又具有道家独到的自然浪漫气质的园林风格。

（一）圆明园与儒家思想

在我国古代，凡与皇帝有直接关系的营建，如宫殿、坛庙、陵寝、园林乃至都城，莫不利用它们的形象和布局作为一种象征性的艺术手段，通过人们审美活动中的联想来表现儒家的价值观念、治世思想和皇权至尊的观念，从而达到巩固帝王统治的目的。皇家园林因其园主人的特殊身份，成为一种教化的工具，被抹上浓厚的政治色彩。

圆明园虽然历经清代五朝皇帝的营造，不过增建、扩建及完成主要在雍正和乾隆时期，嘉庆、道光、咸丰虽然在此园居理政，但并没有大规模的建设，因而可以说，圆明园的主人为雍正、乾隆。他们自幼就接受儒家传统教育，熟读四书五经及各种传统典籍，从中学习帝王治国安邦之道。且不说雍、乾两帝，康熙帝就已经是完全汉化的封建皇帝。乾隆则是一位儒学化的皇帝，对传统文化造诣极深。他在位 60 年间，写诗词 41800 首，如果加上他即位之前和他当太上皇时期的作品，相当于一部《全唐诗》。翻阅其诗作，无异于在读一部儒学化的政治教科书，或警戒自我，或教育后代，或训诫臣工，总不离修身养性、治国安邦一类的治世规条。此外，这位皇帝还热衷于园林修造，对造园有独到的见解。通过造景表达儒家思想，对于像乾隆这样深谙帝王之道、艺术素养比较高的皇帝，是驾轻就熟的事情。这可以从他为圆明园所写的大量匾额、楹联及诗作中反映出来。

同时，圆明园不同于其他皇家园林，是一座具有宫廷职能的皇家园林，是清代皇帝发号施令的政治中心，在此宣扬儒家思想、皇权观念是很正常的。苑囿是皇家建设的重点，而借助于园林造景来表达这些思想，是皇家园林惯用的手法。乾隆皇帝在《圆明园后记》中反复陈述，营建圆明园是为了"对时育物，修文崇武，煦万汇保太和，斯跻斯世于春台，游斯人于乐国"①。在园内建立朝署机构是为了"乘时行令，布政亲贤"，开辟田庐是为了"时接儒臣，研经史以淑情"②。一句话，儒家要求帝王所具备的勤政、亲贤、孝亲、重农、务本、修身、养性等思想都通过造景得到了充分的体现。圆明园四十景中，正面表现儒家思想的就有19处，包罗了儒学的哲学、政治、经济、伦理、道德等内容。其他各景也多以题额、对联、题记等各种形式熔铸儒学思想于其中，四十景以外的三园其他景区、景点，也莫不如此。

1. 表现"大一统"思想的"九州清晏"和"万方安和"

"大一统"，就是重视统一事业。儒家推崇"大一统"，以天下统一为治国目标。春秋时期，大国争霸，诸侯割据，"弑君三十六，亡国五十二，诸侯奔走不得保其社稷者不可胜数"③。针

---

① 乾隆：《御制圆明园后记》，见《日下旧闻考》卷八十，第1324页。
② 乾隆：《御制圆明园后记》，见《日下旧闻考》卷八十，第1323页。
③ 《史记·太史公自序》。

对礼崩乐坏的动荡形势，孔子作《春秋》。《春秋》开篇写道，"元年，春，王正月"。据《春秋公羊传》解释："何言乎王正月？大一统也。"可见，孔子开篇就表明写作《春秋》就是提倡"大一统"。孟子进一步发挥了"大一统"思想，主张天下为一。梁惠王问："天下恶乎定？"孟子答曰："定于一。"[①] 他还宣称"五百年必有王者兴"，肯定统一是历史的必然规律。董仲舒将"大一统"思想理论化。他说："一统乎天子。"[②]"《春秋》大一统者，天地之常经，古今之通谊也。"[③] 在汉代，大一统思想通过罢黜百家，独尊儒术，在政治上得到认可，从此，其历史地位得以确立。此后，一统天下、海宇太平的大一统国家成为历代封建帝王追求的政治理想。康、雍、乾时期，清王朝已经完成了统一全国的宏图伟业。在园林造景上，也刻意表现这种四海归一的太平景象。在圆明园中，表现这种"大一统"思想的有"九州清晏""万方安和"两组景区。

"九州清晏"以后湖九岛环列象征整个天下，表达了"普天之下，莫非王土，率土之滨，莫非王臣"的寓意。统一的江山如同后湖水一样波澜不惊，寓意着普天之下海晏河清，一统升平。乾隆在《九州清晏诗》中就表达了这样的心情："前临巨湖，渟泓演漾。周围支汊，纵横旁达。诸胜仿佛浔阳九派。骀衍谓裨海

---

① 《孟子·梁惠王上》。
② 董仲舒：《符瑞第十六》，见《春秋繁露》。
③ 董仲舒：《第三策》，见《天人三策》。

周环为九州者，九大瀛海环其外，兹境信若造物施设耶！"①这种海晏河清的政治局面正是帝王所追求的，即"九州清晏，皇心乃舒"。他们还希望这种政治盛世永葆万年，"更殷深念者，永固万年基"。即使在西洋楼这组西式建筑群中，乾隆也不忘以题名来表达求治求安的思想，如海晏堂。

进入九州清晏殿内，儒学思想色彩更为浓烈。第一层圆明园殿内悬挂一联，"每对青山绿水会心处，一邱一壑，总自天恩浩荡；常从霁月风光悦目时，一草一木，莫非帝德高深"。这是雍正潜邸时所写，无非是告诫欣赏园林美景时，要时刻不忘天恩浩荡和帝德高深。此殿内还悬有乾隆所撰一联，"恤小民之依，所其无逸；稽古人之德，彰厥有常"，也是警戒帝王要体恤民谟，加强帝德修养。第二层殿为奉三无私殿，悬有康熙、雍正的圣训，再三告诫自己和子孙后代"天下之治乱休咎，皆系人主之一身一心。政令之设，必当远虑深谋，以防后悔，周详筹度，计及久长"，这样才能做到"和气致祥，绵宗社万年之庆"。②

"万方安和"，筑于湖上，作"卐"字形，为一组大型水景，寓意是天下四方均归大清王朝统治，并且安宁太平。乾隆的《万方安和诗》，表达了当年建这组建筑群的目的是"万方归覆冒，一意愿安和"③。这组景奇花缬若绮绣，尤其是秋高月夜，素月澄

---

① 《日下旧闻考》卷八十，第1333页。
② 《日下旧闻考》卷八十，第1332页。
③ 《日下旧闻考》卷八十一，第1346页。

空，更是美不胜收，对此胜景皇帝仍念念不忘，"安和愿万方"，希望他们的统治"千百载金汤"，并不断提醒自己"忆昔求安志，于今岂敢忘？要惟祈岁稔，民庶共平康"①。

此外，园中某些景点借助题额表达皇帝对"大一统"的追求。如长春园中如园内的"深宁堂"，乾隆欲借此表达对"四海统一，民安物阜"大一统治世的向往。他在《深宁堂诗》中进一步阐发了命名的动机和意义，"深处宁为君道美，民安物阜政之基。九州四海期如是，图易思艰念在兹"②。尽管深宁堂松篁曲径，宜致远，宜通幽，景致深邃而宁静，可憩，可停，但乾隆指出，命名为"深宁堂"非为此意，而是"堂额味余非谓此，民生国计愿深宁"③，这才是乾隆命名之本意。

2. 表现孝亲思想的"鸿慈永祜"、"长春仙馆"及"镂月开云"

孝，是儒学伦理极为重要的道德规范之一。孝有狭义和广义之分。狭义的孝指奉养父母，主要针对父母的身体，属于直接意义上的孝。广义的孝指的是奉献社会，主要针对的是父母的精神，属于间接意义上的孝，其内容无所不包，如《礼记·祭义》中讲的"居处不庄，非孝也；事君不忠，非孝也；莅官不敬，非孝也；朋友不信，非孝也；战陈无勇，非孝也"④。正因为孝涉及社会生

① 《日下旧闻考》卷八十一，第1346页。
② 乾隆：《题深宁堂》，见《清高宗御制诗五集》卷三十六。
③ 乾隆：《深宁堂口号》，见《清高宗御制诗四集》卷七十八。
④ 《礼记·祭义二十四》。

活的方方面面和社会的各个阶层，并与"忠君"联系起来，是治世的需要，有利于统治者巩固统治基础，因而历代统治者大力提倡"孝道"，标榜"以孝治天下"，把儒学主要经典之一《孝经》推崇到无以复加的地步。满族以少数民族入主中原，为维护和巩固他们的统治，也如前代统治者一样，不遗余力，采取各种手段，宣扬和推行孝道。即便是皇家园林的圆明园，也成为清统治者宣扬孝的一个重要场所。因此，圆明园中出现了众多以"孝亲"思想为主题的建筑群。

"鸿慈永祜"又名"安佑宫"，在圆明园西北隅，朱扉黄瓦，仿汉代原庙之制而建，内供奉康熙、雍正的影像。"鸿慈永祜"之意就是祈求康、雍两帝永远保佑大清江山的太平长久，当然也有报恩、孝亲、尊亲的用意。每年四月初八日，皇帝"率诸皇子、近御王大臣拜谒，其朔望荐熟彻馔，一如典礼"[1]。清代皇帝如此重视祭祀瞻礼，无非是向天下宣示其崇孝尊亲，以此经国治世。

"长春仙馆"为乾隆当皇子时读书的地方。即位后，乾隆奉养皇太后于畅春园。逢良辰佳节，即从畅春园迎奉皇太后居于长春仙馆。乾隆亲笔书写一联，挂于殿内："安舆欢洽宜春永；庆节诚依爱日长"，以此表达他尽人子之孝以及和其母共享天伦的欢乐。乾隆的《长春仙馆诗》也抒发了他为皇太后祝嘏的孝思，"欢心依日永，乐志愿春长。阶下松龄祝，千秋奉寿康"[2]。这组建筑

① 徐珂：《清稗类钞》第一册，中华书局1984年版，第153页。
② 《日下旧闻考》卷八十一，第1343页。

总的意境就是祝愿他的母亲长寿健康。实际上，乾隆也是一位事母至孝的皇帝。他标榜孝道，并非流于空泛，而是真正做到了"冬温而夏清，昏定而晨省"[①]。昭梿在《啸亭杂录》中记载："纯皇侍奉孝圣宪皇后极为孝养，每巡幸木兰、江浙等处，必首奉慈舆，朝夕侍养。后天性慈善，屡劝上减刑罢兵，以免苍生屠戮，上无不顺从，以承欢爱。后喜居畅春园，上于冬季入宫之后，迟数日必往问安视膳，以尽子职。后崩后，上于后燕处之地皆设寝园，凡巾栉、桭枷、沐盆、吐盂无不备陈如生时，上时往参拜，多至失声。又于园隙建恩慕寺，以资后之冥福也。"[②]可见，乾隆皇帝的孝行达到了儒家所称颂的"事死如事生，事亡如事存"[③]的境界，可为天下垂范。孝亲景区的创作和皇帝躬行表率的孝行，不正是生动的政治教育和伦理教育素材吗？

"镂月开云"原名"牡丹台"，乾隆九年易名为"镂月开云"。它位于后湖东岸，南临曲溪，殿为三间，殿前植牡丹数百株，争妍斗艳，是个赏花的好去处。康熙六十一年（1722年），胤禛奉康熙帝临幸圆明园赏花，康熙在此处首次见到年仅12岁的皇孙弘历（即后来的乾隆帝），非常喜爱，随即携之养育宫中，日侍左右。弘历即位后，特意将这一组景的主要殿堂题名为"纪恩堂"，并特意作《纪恩堂记》一篇，以纪念康熙对他的养育、

---

① 《礼记·曲礼上第一》。

② 昭梿：《啸亭杂录》卷一，中华书局1980年版，第21页。

③ 朱熹集注：《四书集注·中庸章句》。

眷顾之恩。他说："今纪恩堂之题额，实因纪皇祖之恩。"他以《镂月开云诗》表述对康熙帝的感恩和追慕："犹忆垂髫日，承恩此最初。"[1]正因为乾隆题额和诗作的刻意宣扬，使得此处胜景抹上了儒家感慕先祖、表达孝思的浓厚的伦理色彩。

3. 表现勤政亲贤思想的"勤政亲贤""汇芳书院"

在中国封建社会，判断一个君主是否贤明的基本标准是是否勤于政务，是否亲近贤士。贤士是封建王朝的统治支柱。统治者如果想永固皇图，必然要礼贤下士，亲贤臣，远小人。清王朝统治中国，深知贤士对巩固其统治的重要性，因此清初便确立了"尊儒重道"和理学治国的基本文化策略和政治方针，曲意笼络汉族上层士人，使得大批儒学名士纷纷依附、服务于他们的统治。清初的皇帝们把"亲贤"作为清王朝的《圣训四箴》的内容之一。雍正在大内养心殿书写"敬天、法祖、勤政、亲贤"的《圣训》，乾隆也作《养心殿四箴》，以告诫自己和后世子孙，警铭自励，自觉奉行这些箴训。"勤政亲贤""汇芳书院"两景很好地表现了这种思想。

"勤政亲贤"这组建筑，庭轩明敞，清雅宁静，是理政养心的好处所。清代几朝皇帝都以此处为日常处理朝政的场所，每天上午在此披览奏章，召对臣工，其作用如同大内养心殿。既然是皇帝常朝理政的场所，为了点示场所的精神和气氛，殿内的匾额、题写多是规诫自勉一类的内容。殿内悬有雍正题写的"勤政亲贤"

---

① 《日下旧闻考》卷八十，第1336页。

匾额，殿中宝座屏风上有乾隆书写的《周书·无逸》篇，后楹东壁上陈列梁诗正书写的乾隆御制文《创业守成难易说》，西壁陈于敏中书写的乾隆所作的《为君难跋》。封建皇帝以这类匾额、题写为座右铭，用意在于规诫自己勤政亲贤。

尤其值得一提的是，由乾隆御制、大臣书写于殿内墙壁上的两篇文章《创业守成难易说》和《为君难跋》。在《创业守成难易说》这篇文章中，乾隆阐述了守成比创业难的观点，"盖创业固难矣，然以守成较之，但可谓之不易，而守成则实难耳"[①]，原因是"守成之主，席丰履厚，易至于骄，骄则怠生焉"[②]。因此他告诫子孙要"陈宵旰于太平之时，言茅茨于玉陛之世"[③]。这样做，一方面是申诫后世，一方面是借以自勖。《为君难跋》在《创业守成难易说》的基础上作进一步的发挥和阐释，也是借雍正题写的"为君难"匾额之义而作。"为君难"出自《论语·子路》。[④]乾隆认为，守成难，为君亦难，为了确保统治，君主必须"明德修身，以立其本"，"亲贤远佞，以正其施"，"无轻民事"，"先知稼穑之艰难"，"为君难"三字应作为"大清亿万斯年家法大训"。[⑤]乾隆还在《为君难六韵》中说，"为君难"是"一言兴道之几"，"千圣传心之要"，因而"手书示后生"，告诫他

---

① 《日下旧闻考》卷八十，第 1328 页。

② 《日下旧闻考》卷八十，第 1328 页。

③ 《日下旧闻考》卷八十，第 1328 页。

④ 《论语·子路》："定公问：'一言而可以兴邦，有诸？'孔子对曰：'言不可以若是，其几也。人之言曰："为君难，为臣不易。"如知为君之难也，不几乎一言而兴邦乎。'"

⑤ 《日下旧闻考》卷八十，第 1330 页。

们勤政无逸，持盈保泰，做到"三字垂家法，万年奉永清"。①

"汇芳书院"的"芳"是指群贤，"汇芳"顾名思义就是荟集群贤的意思。"汇芳书院"也就是集贤书院。在唐代东、西两京均设集贤书院，荟萃各类人才。这一景表达乾隆帝求贤若渴的思想。乾隆在《汇芳书院诗》中道："菁莪槭朴育贤意，佐我休明被万方。"② 也就是说希望贤才就像我一样茂盛，像槭一样丛生，辅助他治理大清王朝，使普天之下美好清明。乾隆的这句诗点明了这个景区所要表达的求贤思想。

4. 表现修身养性思想的"茹古涵今""澹泊宁静""澡身浴德""廓然大公"

儒家将修身养性视为立世治国的根本，即"修身、齐家、治国、平天下"③。以天下太平为要务的君主，自然把道德情操的培育放至首位，时刻警醒，加强道德修养。

"茹古涵今"是学问渊博、通晓古今的意思。茹为吃，比喻读书，涵是包容，涵养心性。皇帝要研读古代的典籍，博览群书，并细细品味其中义理，从中寻求国家治乱之源。"茹古涵今"内藏大量的古籍，确为读书的好地方。皇帝可以在此撷菁华，涵芳润，静养德行。

---

① 《日下旧闻考》卷八十，第1331页。

② 《日下旧闻考》卷八十一，第1354页。

③ 朱熹集注：《四书集注·大学》，"古之欲明明德于天下者，先治其国。欲治其国者，先齐其家。欲齐其家者，先修其身。欲修其身者，正正其心。欲正其心者，先诚其意。欲诚其意者，先致其知。致知在格物。物格而后知至，知至而后意诚，意诚而后心正，心正而后身修，身修而后家齐，家齐而后国治，国治而后天下平"。

"澹泊宁静"语出诸葛亮的《诫子书》："非澹泊无以明志，非宁静无以致远。""澹泊宁静"这组建筑密室周遮，尘氛不到，青山绿水环绕，远望青山，体味宁静，俯临绿水，咀嚼澹泊。乾隆在此常常领会到诸葛亮言语的妙处，他说："青山本来宁静体，绿水如斯澹泊容。境有会心皆可乐，武侯妙语时相逢。"[①]

　　"澡身浴德"在福海西岸，平漪镜净，一望无垠，有洗尽尘心的境界，如此造景是为了使人心情舒畅纯洁，如明镜般清朗。乾隆在《澡身浴德诗》中说："不竭亦不盈，是惟君子德。我在俯空明，镜已默相识。"意思是说，君子的道德如同面前寥廓的福海宽广，包容万物，注之不盈，酌之亦不竭；福海的清澈澄静，如同明镜，能够鉴心察己，纯洁身心，陶冶情操。

　　修身养性的最高境界应该是"廓然大公"，语出程颐的《论定性书》："君子之学，莫若廓然而大公，物来而顺应。"就是说治学要有远大开阔的胸怀，能够包容一切，上升到做人和道德修养，就是心胸宽广，涵容一切。"廓然大公"就着意表现这种为学、做人的开阔境界。该处前接陌柳，后临平湖，轩亭翼然，虚明洞彻，"真足开襟豁颜"[②]。

　　园中还有诸多景点通过题额表现修身养性思想，以激励情怀。乾隆在《赋得乐安和有序》中说："昔汤之盘，武之席，莫不各有铭，所以触目警心也。盘席只日用物，犹亟亟焉，而况朝夕所

---

① 《日下旧闻考》卷八十一，第 1356 页。

② 《日下旧闻考》卷八十二，第 1374 页。

处之室乎？"因此，乾隆在各景点到处题写加强帝王修养之类的匾额、楹联，以警诫自我。表现持静守虚，澹泊去欲一类的题额有：清虚静泰、素心堂、湛虚书屋、涵虚书屋、湛然室、养素书屋、静虚斋、澹然书屋、敦素堂、虚明室、澹存斋、澹怀堂、理心居、理心楼、抑斋等；表现胸襟开阔、豁达自如一类的匾额有：豁如室、虚受轩、披襟楼、畅襟楼、旷然阁等；表现读书益智、开卷有益一类的匾额有：开益轩、味腴书屋、含芳书屋、益思堂、茹古堂、探真书屋、味真书屋等；表现涵德、乐善、养和一类的匾额有：绥德斋、莹德堂、藻德居、师善堂、主善斋、乐善堂；乐在人和、乐安和、一堂和气、养和堂、蹈和堂等。总之，这类题额是表现儒家道德观、人生观和审美观的一道亮丽的风景线。

5. 表现"重农"思想的"北远山村""多稼如云"等景区

农业是封建社会经济的基础。历代封建帝王认为农业是国家的根本。他们对农业生产极为重视，推行重农抑商政策。这就是儒家所提倡的"农本"和"民本"思想。儒家认为，"民为邦本"，而"民"的主体构成为农民，重视农业，也就是保邦固本。所以，"裕民""保民"思想为历代贤明君主所推崇。康、雍、乾三帝，雄才大略，以农为治国根本，实行休养生息政策，轻徭薄赋，兴修水利，将农业生产发展至我国封建社会农业史上一个前所未有的高度。"重农""裕民"是盛世出现的重要原因之一。正因如此，他们即便在园居时，也通过景观来表达重农的思想，提醒自己不忘稼穑之苦、农耕之难，以体恤农民，保固邦本。

"北远山村"就是一组体现重农思想的景观。这里的景致一派田园风光，"村落鳞次，竹篱茅舍，巷陌交通，平畴远风，有牧笛渔歌与春杵应答"，完全仿农居村市景象而建。其中景点的题额，如水村图、稻凉楼、绘雨精舍、皆春阁等，重在突出整个景区的主题。在此乾隆可以"验农功勤"，可以"乐彼五谷熟"，①可以看到耕地、播种和收获的过程。

　　"多稼如云"是皇帝观稼之所。正宇五楹，前宇为芰荷香，稍东南有"湛绿"。这里山坡上桃花烂漫，池沼里荷叶亭亭，"鳞塍参差，野风习习，被襏蓑笠往来，又田家风味也"②。乾隆赋诗咏此景道："稼穑艰难尚克知，黍高稻下入畴谘。弄田常有仓箱庆，四海如兹念在兹。"表示他体恤稼穑的艰苦。

　　"映水兰香"也是表现农事耕作之景。此处水田数棱，凉风吹过，稻香徐徐。建筑的题额如"钓鱼矶""知耕织""濯鳞沼""贵织山堂"，均与农桑活动有关，突出了重耕织的思想。贵织山堂里还供祀着蚕神。元代程棨摹南宋楼璹所绘的《耕织图》，"存放在圆明园贵织山堂。弘历于乾隆三十四年命画院将该图双钩临摹刻石后，存放在多稼轩中"③。《耕织图》主要描写农民劳动生产的情景。将《耕织图》放于此处，说明清统治者对农桑的重视，表达了重农思想。乾隆的《映水兰香诗》则直陈建

---

① 乾隆：《初冬北远山村》，见《清高宗御制诗初集》卷十一。
② 《日下旧闻考》卷八十二，第 1363 页。
③ 中国圆明园学会筹备委员会主编：《圆明园》第二集，第 42 页。

景本意："园居岂为事游观？早晚农功倚槛看。数顷黄云黍雨润，千畦绿水稻风寒。心田喜色良胜玉，鼻观真香不数兰。日在豳风图画里，敢忘周颂命田官？"①说明乾隆建此景的目的不是贪图享乐，而是为了早晚察看农事。

"澹泊宁静"虽然主体上是一组表现澹泊去欲情怀的建筑群。不过这里稻田弥望，河水周环，其中也有诸多景点着意展现农桑耕作景象。这可从景点命名及题额上反映出来："多稼轩""观稼轩""稻香亭""麦雨稻风"。"多稼轩"由雍正帝命名书写，这里"朴室数楹，面势庨豁，东牖临水田，座席间与农家父老较晴量雨，颜曰多稼"。可见，在雍正扩建圆明园时，就已经注意用园林景观来表达重农思想了。观稼轩建于台上，四面轩敞，"不施户牖，故恒观稼于此"，乾隆赋诗道："敞榭崇基表，鳞塍俯水田。锄云将笠雨，箱万复仓千。要以知艰设，宁因缀景传。璇题标两字，家法训祈年。"②乾隆的诗很好地表达了建景并非为"缀景"虚饰，而是以此景体会农作劳苦，祈求年丰岁稔，并再次强调"重农""观稼"是有清一代的家法。

圆明园中开辟田地园圃表现重农思想的还有紫碧山房的丰乐轩③、耕云堂④。西峰秀色的陇香馆也辟有水田，乾隆在此与农夫

---

① 《日下旧闻考》卷八十一，第1359页。

② 乾隆：《观稼轩》，见《清高宗御制诗二集》卷八十七。

③ 乾隆：《丰乐轩》，"北村缀景有田园，学圃兼将学稼论。望矣因之号丰乐，诚然实不易由言"，见《清高宗御制诗三集》卷六十三。

④ 乾隆：《耕云堂》，"几架书堂俯水田，雨旸幸协稻芊芊。三庚屈指西成远，未敢先时庆有年"，见《清高宗御制诗三集》卷五十一。

讨论农事，"斋外水田凡数顷，较晴量雨谘农夫"。总之，圆明园的许多景点成为皇帝了解民间疾苦、农事艰难的窗口，时刻提醒他们重农、恤农，以维护统治的根本。这就是他们所倡导的"御园弄田"，这是清代皇帝的必修课。以上景点多为雍正、乾隆年间辟治。嘉庆皇帝为了标榜自己重视农业，关心耕织，于嘉庆七年（1802年）在熙春园内"复治田一区，其屋颜曰'省耕别墅'，为几暇课农之所"[①]。所以，于敏中将圆明园定位为"勤政敕几劝农观稼之所"，非常贴切。

总的说来，儒学思想的景观化是圆明园造景的一个重要特点。圆明园的造景包含着儒家文化的丰富内涵，儒家的政治、道德、伦理等思想也通过景观得以直观地体现，得以宣扬，最终目的还是巩固清王朝的统治。《御制圆明园图咏·跋》中的一句话很好地表达了乾隆的这种良苦用心，"临殿宇而思鸿业之克缵，凭亭榭则思栽培豢养之厚泽"[②]。

（二）圆明园与道家思想

儒道并存是中国传统文化的内核。作为文化载体的圆明园不可避免地受到两者的影响。儒家思想塑造了它浓厚的礼制、政治色彩，道家思想则赋予了它宛自天成的自然情趣。

道家有一个重要的哲学思想就是自然，即要求以自然为美，以自然为师，师法自然。老子提出"道法自然"的思想，他说："人

---

① 吴振棫：《养吉斋丛录》卷十八，北京古籍出版社 2005 年版，第 231 页。
② 《御制圆明园图咏》，天津石印书屋石印本光绪十三年（1887 年）本。

法地，地法天，天法道，道法自然。"以"自然"为宗的思想，为道家崇尚自然的艺术精神提供了哲学上的重要依据。在这种思想的启发下，庄子将审美的目光投向自然，提出"天地有大美而不言"[①]，肯定大自然之美，在大自然中遨游，进入与自然相融的"天地与我并生，万物与我为一"的境界。

道家对自然境界的追求，为后来的中国艺术开拓了一条表现人与自然的自然主义道路。这种尊重自然的观念，中国园林受其影响最大。魏晋南北朝时期，道家的崇尚自然作为一种时代精神，进一步催醒了人对自然美的领悟与欣赏，成了园林文化的主旋律。明清时期，"虽由人作，宛自天开"这一园林文化美学命题的提出，更是将道家的自然思想发挥到极致。

圆明园中的造景集中体现了道家所提倡的自然的思想和中国造园"虽由人作，宛自天开"的基本原则，表现在以下三个方面（仍以圆明园四十景为例进行说明）。

第一，师法自然、因借自然的造景手法。

道家的自然思想反映到造景手法上，就是师法自然和因借自然，将自然风光再现于园林中。我国山河锦绣，而江南风景更是引人入胜。圆明园中的许多景就是直接模拟江南的名山胜水。著名的四十景之一"上下天光"是模仿洞庭湖"上下天光，一碧万顷"的开阔景象。乾隆在《上下天光诗序》中说："垂虹驾湖，蜿蜒百尺。修栏夹翼，中为广亭。縠纹倒影，滉漾楣槛间。凌空

---

① 《庄子·外篇·知北游》。

俯瞰，一碧万顷，不啻胸吞云梦。"①虽然"上下天光"楼阁俯临的仅是四公顷的后湖，但登楼远眺，乾隆以为有如登岳阳楼见洞庭胜状的心胸和意境，因而才发出"胸吞云梦"的感慨。"西峰秀色"为四十景之一，"河西松峦峻峙，为小匡庐"②。显然，西峰秀色是模仿庐山。"坦坦荡荡"，"凿池为鱼乐国，池周舍下，锦鳞数千头，喁唼拨刺于荇风藻雨间，回环泳游，悠然自得"③，明显仿自杭州的"玉泉观鱼"。"慈云普护"，"殿供观音大士，其旁为道士庐，宛然天台，石桥幽致"④，是天台山秀丽景色的缩写。"坐石临流"模仿绍兴兰亭，这里"仄涧中濛泉奔汇，奇石峭列，为坻为碕，为屿为奥。激波分注，潺潺鸣籁。可以漱齿，可以泛觞。作亭据胜处，泠然山水清音"⑤，仿佛有崇山峻岭、茂林修竹、曲水流觞的意境。此外，福海沿岸摹写西湖十景的"柳浪闻莺""平湖秋月""曲院风荷""三潭印月""南屏晚钟""雷峰夕照""断桥残雪""双峰插云"等，甚至连名称都一字未改地照搬过来。乾隆在《柳浪闻莺诗》中咏道："十景西湖名早传，御园柳浪亦称旃。栗留叽啭无端听，讶似清波门那边。"⑥江南名胜，移诸一园，正所谓"谁道江南风景佳，移天缩

---

① 《日下旧闻考》卷八十，第 1340 页。

② 《日下旧闻考》卷八十二，第 1365 页。

③ 《日下旧闻考》卷八十一，第 1342 页。

④ 《日下旧闻考》卷八十，第 1339 页。

⑤ 《日下旧闻考》卷八十二，第 1376 页。

⑥ 乾隆：《柳浪闻莺诗》，见《清高宗御制诗三集》卷三十。

地在君怀"①。师法江南美景，丰富了园景，很好地体现了道家的自然观。

第二，自然天成、多姿多彩的园林景致。

通过师法自然的造景手法，圆明园的景色自然雅致、秀美清幽，如同一幅幅山水画、一首首田园诗。"天然图画"庭前修篁万竿，双桐相映，风枝露梢，绿满襟袖。"碧桐书院"环山带水，庭中梧桐数本，绿荫张盖，每当月转风回，翠影翻动，景色清幽。"上下天光"，垂虹驾湖，蜿蜒百尺，修栏夹翼，中为广亭。縠纹倒影，潋漾楣槛间。凌空俯瞰，一碧万顷。此处"烟岚杳蔼""云水澄鲜"的万千气象，可从《上下天光图》和乾隆题写的联额以及《上下天光诗》中体会到。"西峰秀色"临河西向，河西松峦峻峙，为小匡庐。此处轩楹洞达，面迎西山，西山爽气，尽在襟袖。乾隆在《西峰秀色诗》中吟咏道："西窗正对西山启，遥接峣峰等尺咫。霜辰红叶诗思杜，雨夕绿螺画看米。"②"平湖秋月"，倚山面湖，竹树参差，每当秋深月夜，潋滟波光，接天无际，"不辨天光与水光"，蓼烟荷露，苍茫一片。"接秀山房"在福海东岸，正宇面向福海，遥望西山，所谓的"户接西山秀，窗临北渚澄"。近俯福海之碧波荡漾，远眺西山之葱茏翠秀，有心气与远山秀气相融相畅的情怀。"夹镜鸣琴"，来自李白的诗句"两水夹明镜，双桥落彩虹"，上驾虹桥一道，构建杰阁，俯

---

① 王闿运：《圆明园词》，见王道成主编：《圆明园——历史·现状·论争》，北京出版社1999年版，第1125页。

② 《日下旧闻考》卷八十二，第1365页。

瞰澄泓，画栏倒影，瀑水冲激，琮琤自鸣，犹如大自然演奏出来的奇妙音乐。"坐石临流"，奇石峭列，激波分注，潺潺鸣籁，作亭据胜处，泠然山水清音，仿东晋王羲之兰亭修禊、曲水流觞的意境。乾隆的《坐石临流诗》很好地表达了这一点，"白石清泉带碧萝，曲流贴贴泛金荷。年年上巳寻欢处，便是当时晋永和"[①]。"曲院风荷"，仿西湖曲院而建，该处荷花颇盛，红衣印波，香远益清，长虹摇影，风景优美。"武陵春色"，山桃万株，落英缤纷。"杏花春馆"，矮屋疏篱，环植文杏，春深花发，灿烂如霞。翠微堂前，开辟田畦，种植蔬果，汲水灌田，一派田野村落景象。这些美景表现了一种天机自动，天籁自鸣的自然美，体现了道家回归自然、返璞归真的精神。

第三，情景交融、物我合一的境界。

道家自然思想的最终归宿是达到"天地与我并生，万物与我为一"的境界，反映到园林艺术上，就是创作上的寓情于景和欣赏上的触景生情。圆明园中诸多美景确实能够引起观赏者感情上的共鸣，达到情景交融、物我合一、天人无隔的境界。

"鱼跃鸢飞"楼亭的翼角如鸟飞状，四面门窗洞达，曲水环绕，俨如萦带，两岸村舍鳞次，晨烟暮霭，蓊郁平林。这种景致确有鸢飞戾天、鱼跃于渊的情调。乾隆的《鱼跃鸢飞诗》表达了这种境界："心无尘常惺，境惬赏为美。川泳与云飞，物物含至

---

① 《日下旧闻考》卷八十二，第 1376 页。

理。"① "坦坦荡荡"是一处以观鱼为主题的水景园，仿西湖玉泉，凿方形水池，"池周舍下，锦鳞数千头，唼喋拨刺于荇风藻雨间，回环泳游，悠然自得。诗云：众维鱼矣，我知鱼乐，我蒿目乎斯民！"②皇帝可以由观鱼而联想到黎民众庶的忧乐，标榜他们关心百姓，蒿目时艰，与民同乐。同时，鱼乐的意境出于《庄子》，意在表现人的襟怀坦荡，怡然自乐；不但自乐，而且达到了与大自然同乐的境界。"濂溪乐处"莲花特盛，净绿粉红，动香不已，使人联想到周敦颐的《爱莲说》对莲花的赞美："濯清涟而不妖，中通外直，不蔓不枝，香远益清，亭亭静植，可远观而不可以亵玩焉。"他将莲花比作花之君子，把莲的自然属性与君子的道德品性连在一起。因而，此处广植莲花，取莲"出淤泥而不染，濯清涟而不妖"的品性，引起人们对高洁品格歆慕和追求的情感。"水木明瑟"倚山临水，用泰西水法转动室内风扇，"泠泠瑟瑟，非丝非竹，天籁遥闻，林光逾生净绿"，仿佛有郦道元所说的"竹柏之怀，与神心妙达；智仁之性，共山水效深"③的意境。

二、圆明园与传统的文学绘画艺术

中国园林素有"无声的诗，立体的画"之美誉。诗中的画意，

① 《日下旧闻考》卷八十二，第 1364 页。
② 《日下旧闻考》卷八十二，第 1342 页。
③ 《日下旧闻考》卷八十一，第 1359 页。

画中的诗意,是我国造园的思想艺术源泉。圆明园许多景的造景就来自众多脍炙人口的诗篇和著名画家的山水画。

"夹镜鸣琴"取李白"两水夹明镜,双桥落彩虹"[1]诗意。流经宣城的句溪、宛溪,犹如明镜。"凤凰""济川"两桥横跨宛溪似落彩虹。这一描绘突出了桥水相映的生动形象,成为千古绝唱。乾隆于是依照诗意,构筑了"夹镜鸣琴"一景。他说:"取李青莲两水夹明镜诗意,架虹桥一道,上构杰阁。俯瞰澄泓,画栏倒影,旁崖悬瀑,水冲激石鳞,玲琮自鸣,犹识成连遗响。"[2]

"杏花春馆"取杜牧《清明》诗的意境。诗中写道:"清明时节雨纷纷,路上行人欲断魂。借问酒家何处有?牧童遥指杏花村。"诗中刻画了春雨纷纷、酒旗招展的山村风光。圆明园内"杏花春馆"一景着意将杜诗的意境再现出来,内有杏花春馆、春雨轩、杏花村等田野风格景点。"矮屋疏篱,东西参错,环植文杏,春深花发,灿然如霞。前辟小圃,杂莳蔬蓏,识野田村落景象。"[3]

"武陵春色"依据晋代诗人陶渊明的《桃花源记》中所描述的景象而造景。在《桃花源记》中陶渊明描绘了一幅"落英缤纷""屋舍俨然""阡陌交通,鸡犬相闻"的世外桃源的美好景象。圆明园中的"武陵春色"一景就是以此为蓝本创造出来的。"循溪流而北,复谷环抱。山桃万株,参错林麓间。落英缤纷,

① 李白:《秋登宣城谢朓北楼》。
② 《日下旧闻考》卷八十二,第1373页。
③ 《日下旧闻考》卷八十一,第1341页。

浮出水面。或朝曦夕阳，光炫绮树，酣雪烘霞，莫可名状。"①

中国山水画也是圆明园造景取材的重要来源之一。山水画有以神话传说为题材的，也就是摹绘想象中的仙山仙境。

秦代，秦始皇就多次派遣方士到传闻中的东海仙山求取长生不老之药。汉武帝时期所建造的皇家园林，按照方士所鼓吹的神仙之说在建章宫内开凿太液池，池中堆筑方丈、蓬莱、瀛洲三岛以模拟东海仙境。这就是后来历代皇家园林的主要模式"一池三山"的滥觞。

唐代著名山水画家李思训依据海上仙山的传说创作了《仙山楼阁图》。著名的四十景之一"蓬岛瑶台"就是《仙山楼阁图》的再现。乾隆在《蓬岛瑶台诗序》中说："福海中作大小三岛，仿李思训画意，为仙山楼阁之状。岧岧亭亭，望之若金堂五所、玉楼十二也。"②恍如仙山楼阁情状。

山水田园风光也是中国山水画的主要素材。唐代著名诗人王维工诗善画。他一生以山水田园风光为素材，创作了无数脍炙人口的诗篇和画作。在他那里，一首诗就是一幅画，而每幅画又是一首诗。晚年，他隐居陕西蓝田，筑辋川别业。这里"漠漠水田飞白鹭，阴阴夏木啭黄鹂"③"渡头余落日，墟里上孤烟"④"明

---

① 《日下旧闻考》卷八十一，第 1348 页。

② 《日下旧闻考》卷八十二，第 1371 页。

③ 王维：《积雨辋川庄作》。

④ 王维：《辋川闲居赠裴秀才迪》。

月松间照，清泉石上流"①，一派幽静的田园风光。王维将这些景色绘制成《辋川图》。圆明园中的"北远山村"系寓意于王维的辋川诗作和《辋川图》。乾隆在《北远山村诗序》中说："循苑墙，度北关，村落鳞次。竹篱茅舍，巷陌交通。平畴远风，有牧笛渔歌与春杵应答。读王储田家诗，时遇此境。"②他在诗中又说："矮屋几楹渔舍，疏篱一带农家。独速畦边秧马，更番岸上水车。牧童牛背村笛，馌妇钗梁野花。辋川图昔曾见，摩诘信不我遐。"③"北远山村"的景色和王维、储光羲④的田园诗及王维的《辋川图》中所描绘的景致是极为相似的。

　　乾隆吟咏圆明园景色的诗文中，提到古代诗人、画家和他们作品的地方很多。《映水兰香诗》说："日在豳风图画里，敢忘周颂命田官？"《西峰秀色诗》中道："霜辰红叶诗思杜（杜牧），雨夕绿螺画看米（北宋书画家米芾、米友仁父子，有'米氏云山'之誉）。"《天然图画诗序》说："远近胜概，历历奔赴，殆非荆、关（荆浩、关仝，均为五代时山水画家）笔墨能到。"《清晖阁四景诗序》说："坐阁中，颇似展倪、黄（倪瓒、黄公望，均为元代山水画家）横披小卷也。"《廓然大公八景诗》说："倩

---

① 王维：《山居秋暝》。
② 《日下旧闻考》卷八十二，第 1364 页。
③ 《日下旧闻考》卷八十二，第 1364 页。
④ 储光羲，（公元 707—约 760 年）。唐玄宗开元十四年（726 年）进士。他的诗与王维、孟浩然、韦应物齐名，被称为田园诗派。曾著《储光羲集》七十卷，已散佚。《全唐诗》收录其诗 219 首。兹录其代表作《张谷田舍》一首，以示储氏诗的风格。"县官清且俭，深谷有人家。一径入寒竹，小桥穿野花。碓喧春涧满，梯倚绿桑斜。自说年来稔，前村酒可赊。"

得仇英（仇英，明代画家）写生笔，定须为作《采芝图》。"《绘雨精舍诗》说："画必称米芾，诗当属许浑[①]。"《水村图三首》[②]说："水村佳景胜图画，著我几闲好试船。"《题湛虚书屋》说："范缓倪迂法如是，王丞杜老句多情。"当然在这些诗人、画家中，乾隆最为推崇的还是王维。他在《雨中泛舟二首》诗中对王维诗画浑然一体的意境赞不绝口，"柳色薰黄桃梁红，濯枝无力润濛濛。右丞（指王维）画意兼诗意，只在轻烟细雨中"。从这些诗文中，我们可以看出圆明园和古代诗、画有着密切的关系。这些景区既有秀丽的景色，又能给人以深刻的人文和历史美感。

三、圆明园与传统的建筑园林艺术

圆明园集中体现了我国古典造园艺术的精华。它继承了我国范围建设的优秀传统，集中了我国南北园林艺术的精华，将不同风格的园林建筑艺术融于一园，铸造了一代名园。

圆明园是清代一座大型的离宫型皇家园林，兼具御苑和宫廷两种职能。为了适应帝王政治上和生活上的需要，园内建筑物数量多，类型繁杂。殿、堂、楼、阁、亭、台、轩、榭、馆、斋、廊、庑，应有尽有，约 16 万平方米，比故宫的全部建筑面积还多 1 万多平方米。建筑布局上，依山傍水，随势设景，景中有景，园中有园，形成了大小一百余处建筑群，体现了丰富多彩、天然和谐

① 许浑，唐代诗人，喜爱林泉，有"溪云初起日沉阁，山雨欲来风满楼"的名句。
② 《水村图》为元代著名画家赵孟頫所作，反映村居风景。

的整体美。这些建筑物中，一部分具有特定的使用功能，如宫殿、住宅、佛寺、道观、戏楼、买卖街、藏书楼、陈列馆、船坞、码头以及辅助设施等，但大量园林建筑则是供帝王燕游的。

园内的建筑，既吸收了我国宫苑建筑的特点，又能突破官式规范的束缚，避免宫廷建筑中的呆板样式和凝重风格，追求天然活泼的风格。

从建筑的屋顶而言，园中除"安佑宫""正大光明殿""舍卫城""方壶胜境""日天琳宇""月地云居"等大规模的建筑外，很少用斗拱，屋顶形状除"安佑宫"大殿为四柱庑殿顶外，其余有歇山、硬山、挑山、悬山或卷棚等式样，一反中国宫殿的不变积习。

从建筑的平面而言，广采南北民居形式，创造出了许多罕见的建筑形式。如眉月形①、卍字形②、田字形③、工字形、口字形、曲尺形、半月形④、弓形、扇形⑤，此外还有山字形、十字形、方胜形、书卷形等，不胜枚举。

殿有三卷、四卷。如，"慎德堂""观澜堂"为三卷殿，"天

---

① 四十景之一"汇芳书院"的眉月轩，"东偏学月牙形，构小斋数椽"，见《日下旧闻考》卷八十一。另乾隆《眉月轩诗》另有诗句云："临水疏轩曲若眉"，见《清高宗御制诗三集》卷十四。

② 四十景之一"万方安和"，"建字池中，形如卍字"，"水心架构，形作卍字"，见《日下旧闻考》卷八十一，第1346页。

③ 四十景之一"澹泊宁静"，"仿田字为房"，见《日下旧闻考》卷八十一，第1356页。

④ 半月台，"依山为露台，形与半月俱"，乾隆《半月台用李白韵》，见《清高宗御制诗三集》卷四十。

⑤ 长春园的"映清斋"，"弓样回廊扇样斋"，乾隆《映清斋诗》，见《清高宗御制诗四集》卷三十八。

地一家春"为四卷殿。这些建筑物内部多用门罩、碧纱橱、屏风等自由隔开，不拘常套，曲折而雅致，不同于大内宫殿规整严格的空间布局。

园中亭子的造形型是千姿百态，从平面看，有四角、六角、八角、十字、方胜等。这些亭子一般都用扒山式或叠落式的游廊与殿榭相通。游廊也是曲曲折折，委婉有致。乾隆曾有诗云："廊腰缦转致多情，幽趣因之随步迎。"[1] 法国传教士王致诚对园中游廊也赞不绝口："游廊之特异处，又在不取径直，而取无数曲折。时或穿入花架深处，时或引藏怪石身后，时而环绕水池，忽睹异景。此等野外风趣，固最足引人入胜，令人醉心者也。"[2]

圆明园是以水景取胜的园林，所以园内桥梁甚多，在全园的结构上占据了重要的比重。为了避免单调重复，匠师们创造出多种多样的桥梁形式，包括圆拱、瓣拱、尖拱、平梁、木板各式。即如细部的建筑构件门窗，也是极尽变化之能事，有正圆、正方、多角、扇形、花形、月形[3]、瓶盎、鸟兽、麟介等种种式样。

这些建筑一反官式建筑的金碧辉煌、富丽堂皇，外观朴素淡雅，少施彩绘，与周围的自然环境十分和谐。建筑群体的组合更是极变化之能事，园内一百多组建筑无一雷同，但又万变不离其宗，都以院落的格局为基调，将中国传统院落布局的多变性发挥

---

① 乾隆：《迎步廊诗》，见《清高宗御制诗三集》卷七十九。
② 唐在复译：《乾隆西洋画师王致诚述圆明园状况》，见《中国营造学社汇刊》第二卷第一期。
③ 乾隆《映清斋诗》中有"弓样游廊月样窗"之句，见《清高宗御制诗三集》卷六十七。

至极致。它们分别与周围的山水地貌和树木花卉相结合，创造了一系列多姿多彩、风格各异的园林景观，即所谓的"景"。这样的"景"在圆明园中有 69 处，长春园、绮春园有 54 处，共 120余处。

除了广泛吸收我国建筑艺术的优秀传统，圆明园还移植南北各地名园，继承和发扬了我国的园林艺术。

康、乾时期，江南地区出现了许多著名的私家园林，并以其精湛的造园技巧、浓郁的诗情画意和精细雅致的艺术格调，而成为我国封建社会后期园林史上的另一个高峰。康熙皇帝南巡后，即将江南造园艺术引进皇家御苑。乾隆时更是刻意模仿，甚至是整座园林的移植。他说："帝王家天下，薄海之内，均予户庭也。"[1]江南园林的美丽，他怎能不设法拥有呢！乾隆六次南巡，凡他所中意的园林，均命随行画师摹绘成粉本，"携图以归"，并在北京和避暑山庄中仿建，将北方和南方、皇家与民间的造园艺术来一个大融合。

南京的瞻园、杭州的小有天园、苏州的狮子林和海宁的安澜园等江南名园，被仿建于圆明园中。

瞻园，本是明代中山王徐达府邸中的西园，清代为藩司衙署，乾隆南巡时，到此游览，十分喜爱，赐名"瞻园"。回京后，即"规仿其制于长春园东南隅隙地，建屋宇数楹，命名如园。取义

---

① 乾隆：《御制安澜园记》，见《日下旧闻考》卷八十二，第 1366 页。

如瞻园之意也"①。该园建于乾隆三十二年（1767年）。从如园的命名即可看出如园和瞻园的关系。此外，乾隆帝的《如园诗》也一语道出如园系仿瞻园而建，"借问如园何所如？金陵徐邸肖为诸"，句下并作注云"如园肖江宁瞻园为之，本明徐达邸第"②。

小有天园，本名壑庵，为杭州汪氏西湖边上的别业，"左净慈，面明圣，兼挹湖山之秀，为南屏最佳处"③。乾隆十六年（1751年）南巡，乾隆第一次游幸，即赐名"小有天园"。乾隆二十三年（1758年），再次临幸其地，"为之流连，为之倚吟"④。回京后，即在长春园思永斋东面仿建。

狮子林，本是元代菩提正宗寺的一部分，相传为元代著名画家倪瓒手制。倪瓒绘有《狮子林图卷》，赋有《狮子林兰若诗》。后几经改易，乾隆时为黄氏涉园。乾隆南巡时，曾三次来到狮子林，对这里的假山大加赞赏，于是命令"吴下高手堆塑小景，曲折尽肖"⑤，驿送回京，在长春园丛芳榭之东"展拓成林"⑥，仍用其旧名"狮子林"。乾隆在《狮子林八景诗序》中说："狮子林之名，赖倪迂图卷以传。此间竹石丘壑皆肖其景为之，冠以旧名，志数典也。"⑦他还赋诗道："最忆倪家狮子林，涉园黄氏幻

① 嘉庆：《重修如园记》，见《清仁宗御制文二集》卷五。
② 乾隆：《如园》，见《清高宗御制诗四集》卷七十八。
③ 乾隆：《御制小有天园记》，见《日下旧闻考》卷八十三，第1384页。
④ 乾隆：《御制小有天园记》，见《日下旧闻考》卷八十三，第1384页。
⑤ 乾隆：《御制狮子林八景诗》，见《清高宗御制诗四集》卷四。
⑥ 乾隆：《御制狮子林八景诗》，见《清高宗御制诗四集》卷四。
⑦ 乾隆：《御制狮子林八景诗》，见《清高宗御制诗四集》卷四。

为今。因教规写阘城趣，为便寻常御苑临。不可移来惟古树，遄由飞去是遐心。峰之池影都无二，呼出艰逢懒瓒吟。"①

安澜园，原为明代陈与郊的隅园，地处浙江海宁盐官镇。乾隆二十七年（1762年）南巡，驻跸于此，因该园"地近海塘"，"愿其澜之安也"，故而赐名"安澜园"。乾隆帝喜欢其绝妙的结构，因而绘图带回京城，借修葺四宜书屋之便，"左右前后，略经位置，即与陈园曲折如一无二"②。乾隆赋诗道："春夏秋冬无不宜，所宜乐总读书时。何须千里盐官忆？即景吾方勉近思。"③

"纯皇缵业当全盛，江海无波待游幸。行所留连赏四园，画师写仿开双境"④，指的就是上述四座名园。

此外，园内某些景区中的景点也师法江南名园。如"廓然大公"中的"双鹤斋"，即仿无锡惠山寄畅园园景。嘉庆帝在《廓然大公诗》和《双鹤斋诗》中明确指出双鹤斋和寄畅园之间的关系，"寄畅风光仿八景，惠山雅致叠成图"⑤，"结构年深仿惠山，名园寄畅境幽闭"⑥。绮春园中的烟雨楼，仿嘉兴烟雨楼而建，嘉庆《绮春园记》云："北有小岛，结构层楼，远仿嘉兴，

---

① 乾隆：《御制狮子林八景诗》，见《清高宗御制诗四集》卷四。

② 乾隆：《御制安澜园记》，见《日下旧闻考》卷八十二，第1366页。

③ 乾隆：《安澜园十咏》，见《清高宗御制诗三集》卷三十九，又见《日下旧闻考》，第1367页。

④ 王闿运：《圆明园词》，见王道成主编：《圆明园——历史·现状·论争》，北京出版社1999年版，第1125页。

⑤ 嘉庆：《廓然大公诗》，见《清仁宗御制诗初集》卷一。

⑥ 嘉庆：《双鹤斋诗》，见《清仁宗御制诗三集》卷五十。

近规塞苑①，额题烟雨。"②"四宜书屋"中的飞睇亭仿西湖龙泓亭（龙泓亭在西湖龙井上），有乾隆诗为证："翼然亭子冠嵚崎，规仿龙泓式创为。飞睇宁论千百里，直如井上朗吟时。"③

四、圆明园与宗教文化

圆明园内多种类型的宗教建筑异彩纷呈，反映了我国多种宗教文化共存的特色。

道教是我国本土宗教，源于古代的神仙信仰。道家所宣扬的长生不老、洞天福地的神仙境界，对许多追求长生不老的封建帝王有着很大的吸引力，他们迷信修炼、丹药和符箓，并通过园林造景将虚幻的神仙境界展现出来，表达他们祈求长生的愿望。在圆明园中，表现道教神仙境界的有三大景区："蓬岛瑶台""别有洞天""方壶胜境"。

"方壶胜境"，四十景之一。"方壶"，又名方丈，为古代传说中的仙山之一，为神仙所居之地。《列子·汤问》中说："渤海之东不知几亿万里，有大壑焉……其中有五山焉，一曰岱屿，二曰员峤，三曰方壶（一曰方丈），四曰瀛洲，五曰蓬莱。"晋代张湛为之做注道："《史记》曰'方丈、瀛洲、蓬莱，此三神山在渤海中。盖尝有至者，诸仙人及不死之药皆在焉。未至，望

---

① 塞苑，指避暑山庄，避暑山庄的烟雨楼，也是仿嘉兴烟雨楼而建。

② 嘉庆：《绮春园记》，见《清仁宗御制文二集》卷四。

③ 乾隆：《飞睇亭诗》，见《清高宗御制诗三集》卷三十。

之如云，欲到，即引而去，终莫能至。'"①这组建筑就是仿传说中的海中仙境而建，它规模庞大，富丽堂皇，远望若仙宫楼阁，满足了皇帝近在庭户，即如遨游仙境的意愿。乾隆在《方壶胜境诗序》中说："要知金银为宫阙，亦何异人寰？即境即仙，自在我室，何事远求？此方壶所为寓名也。"②

"蓬岛瑶台"在福海中央，包括大小三岛：蓬岛瑶台、瀛海仙山、北岛玉宇，"岧岧亭亭，望之若金堂五所、玉楼十二"，恍如仙境。这种"一池三山"的神仙境界在中国已有一千多年的历史。秦始皇笃信东海有神山仙人的说法，并派人入海求仙。汉武帝在上林苑建章宫太液池中建有蓬莱、方丈、瀛洲三仙山，自此，开创了"一池三山"的传统。历代皇家园林中争相仿效。隋炀帝的西苑、明代的西苑、清代清漪园都有表现这一意境的造景。

"别有洞天"，也是一组体现道教神仙思想的建筑。洞天，道教称神仙所居洞府，意谓洞中别有天地。该景区借用晋代文学家孙绰《游天台山赋》中"赤城霞起而建标"句意而建，以示此地犹如道教圣地天台山仙境。这里曲水环绕，几席净洁，草木清淑，似有三十六洞天的味道。乾隆说："即此凌霞标，何许三十六？"③可以说这一景有尘外之致。

在圆明园的有些景点内，实际从事宗教活动的道教寺观也

---

① 《列子·汤问》卷五。
② 《日下旧闻考》卷八十二，第1369页。
③ 《日下旧闻考》卷八十二，第1372页。

不少。秀清村的"时赏斋""水木清华"，平湖秋月的"藏密楼"，耕云堂的"爽籁居"，安澜园的"远秀山房"，紫碧山房的"景晖楼"，以及"双鹤斋"、"采芝径"、汇芳书院，均供奉吕祖神像。夹镜鸣琴的"广育宫"还供奉着道教所尊奉的最高女神碧霞元君。这些反映了道教作为我国封建社会精神支柱之一的重要地位。

佛教自东汉从印度传入我国后，逐渐与儒、道融合，形成我国封建统治思想儒、道、佛三位一体的格局。清初学者顾炎武认为"所谓理学，禅学也"，指出理学和佛学本质上的相融。清统治者在提倡理学治国的同时，也大力扶持佛教，在皇家园林中建造了大批佛教建筑。圆明园内有"月地云居""日天琳宇"两组大型的佛教建筑群。

"月地云居"，是圆明园内一座独立完整的寺庙。背山临水，松色翠密，与红墙相映，"鱼鲸齐喝，风幡交动"，很有宗教气氛。建筑物的题额多是"清静地""妙证无声""莲花法藏""法源楼""心空彼岸""法轮转"等佛教思想内容。皇家园林内建佛寺，有政治和宗教活动的需要，同时也是造景的手法之一，用乾隆的话说就是"倩他装点名园"，所谓"水月道场"，只不过是"梦中佛事"。

"日天琳宇"，规制仿照雍和宫后佛楼样式。这里一派佛国气氛。乾隆描述这里浓厚的宗教气氛道："紫微丹地中，立一化城，截断红尘，觉同此山光水色，一时尽演圆音矣。修修释子，渺渺禅栖，踏著门庭，即此是普贤愿海。"①不过，这里除主要供奉佛像外，还供奉其他神灵。如中前楼上供奉关帝，目的是希望大臣们要像关公那样忠君，为君王的事业赴汤蹈火，即"千载丹心扶大义；两间正气护皇图"。西前楼上供奉玉皇大帝，题联"地载无私宏橐钥；乾元资治肇纲维"②，是祈求玉皇大帝保佑大清王朝朝纲振兴，国富民强。

历代封建统治者大都利用宗教作为对劳动人民进行精神统治的工具。清统治者于皇家园林中建各种类型的寺庙，甚至把当时普遍信奉的神灵也请进圆明园内，以宣扬宗教，巩固其统治地位。

"慈云普护"为圆明园四十景之一，这里既供奉观音大士像，又供奉关圣帝君，还供奉圆明园昭福龙王。"日天琳宇"感和殿内供奉龙神，"贵织山堂"供奉蚕神，"汇万总春之庙"供奉花神，"慎修思永"有花神庙，"北远山村"附近有关帝庙，"西峰秀色"的小匡庐有龙王庙，"春雨轩"有土地祠，"双鹤斋"有吕祖亭，"课农轩"有观音庵及刘猛将军庙、雷神殿等。长春园内的宝相寺供奉观音像。属于绮春园的庙宇，有"庄严法界""正觉寺""延寿寺""河神庙""惠济祠"等，供奉着五花八门的佛像、神像、刘猛将军像、关公像等。

总之，在圆明园中，佛教、道教、民间神灵相容共存，表现了我国宗教文化的多姿多彩和兼容并蓄。

① 《日下旧闻考》卷八十一，第1355页。
② 《日下旧闻考》卷八十一，第1355页。

五、圆明园内的珍贵典藏

圆明园不仅风景秀丽，也是一座皇家博物馆。园内收藏大量的鼎彝礼器、名人书画、珍宝玩好、图书典籍，"积聚了艺术和雅兴可以为自然财富所补充的一切"，堪称一座巨大的文化宝库。

园内所藏珍宝的种类有金银器皿、朝珠、首饰、翠花、金银八宝、鼻烟壶、带佩汉玉、白玉如意、珍珠、宝石、玉器、瓷器、铜器、象牙、角器、古钱、玻璃器、蜜蜡、油珀、玛瑙、晶石器、图章、墨扇、漆木器、寿意玉器、寿意瓷器、寿意铜器、寿意玛瑙晶石器、寿意珊瑚、寿意竹木漆器、寿意象牙角器、寿意册页等。[①] 储藏的这些珍奇异宝和各种器皿，可以说是我国优秀文化的精华，也是劳动人民智慧的结晶。

园内殿堂的装修、装饰也堪称精美的艺术珍品。清代宫苑营建，偶尔也令外省盐院承办装修物件。嘉庆十九年（1814年），圆明园内修竹园一所，两淮盐政承办紫檀装修200余件，有"榴开百子""万代长春""芝仙祝寿"等花样。嘉庆二十二年（1817年），圆明园中建成接秀山房，两淮盐政承办紫檀窗棂200余扇，多宝架三座，高九尺二寸。地罩三座，高一丈二尺，有"万寿长春""九秋同庆""福增桂子""寿献兰孙"等花样。这些花样都是用"周制"做法制成。"周制者，明末扬州周姓创此法，故名。其法以金银、宝石、真珠、珊瑚、翡翠、水晶、玛瑙、车渠、玳瑁、青金石、绿松石、螺钿、象牙诸物，刻镂山水、楼阁、人

---

① 中国第一历史档案馆编：《圆明园》（上），上海古籍出版社1983年版，第517—534页。

物、花木、虫鸟于檀、梨漆器之上，凡陈设器具，皆可为之。"①
这些"周制"的陈设物品，无疑是精美的艺术精品。

除珍宝精品外，圆明园还收藏着丰富的图书典籍，书画碑帖，
是一座皇家图书馆。

园中的文源阁是专为庋藏《四库全书》而建的藏书楼。乾隆在
《文源阁记》中说："藏书之家颇多，而必以浙之范氏天一阁为
巨擘。因辑四库全书，命取其阁式以构庋贮之所。"②乾隆的话清
楚地表明，建文源阁就是为了庋贮《四库全书》。乾隆三十九年
（1774年），在园内原有建筑物四达亭的基础上动工兴建，次年
建成。阁在"水木明瑟"之北稍西，仿范氏天一阁，上下两层，
各六楹，名曰文源阁。阁前有玲峰石，刊御制《文源阁诗》，阁
东亭内石碣刊御制《文源阁记》。

《四库全书》的编纂始于乾隆三十八年（1773年），成于乾
隆五十二年（1787年）。这部荟萃了中华文化精髓的大型典籍，
多达79000余卷，36000多册，编成后缮写七部，分藏于圆明园的
一部称为"文源阁本"，其余分藏于北京故宫文渊阁、沈阳故宫
文溯阁、热河文津阁、扬州文汇阁、镇江文宗阁、杭州文澜阁。
此外，《四库全书荟要》也有一部藏在圆明园内的味腴书屋。四
库开馆时，乾隆已63岁，他担心见不到全书的完成，于是命四
库馆就四库中"择其尤为精要有裨实学者"，"抄写二部，每部

---

① 吴振棫：《养吉斋丛录》卷十八，北京古籍出版社2005年版，第232页。
② 乾隆：《御制文源阁记》，见《日下旧闻考》卷八十一，第1360页。

一万两千卷，名曰全书荟要"，一部"贮宫内御花园之撷藻堂，一贮御苑之味腴书室"①，此外，文源阁还藏有康熙时汇纂的大型类书《古今图书集成》一部。

淳化轩，专为储藏著名法帖《淳化阁帖》摹版而建。北宋太宗淳化三年（992年），命人将淳化阁所收藏的汉唐以来的名人书法墨迹摹刻于宫中，名为《淳化秘阁法帖》。这是我国第一部大型丛帖，号为"诸帖之祖"。乾隆年间，命大学士于敏中等人重刻该帖，并修建淳化轩，将所摹刻的144块帖板，镶嵌于淳化轩前的24间左右回廊之中。这就是著名的《钦定重刻淳化阁帖》。乾隆在《淳化轩记》中对此事有详细记载："淳化轩何为而作也？以藏重刻《淳化阁帖》石而作也。"②

说及碑帖，还应提到圆明园中著名的"兰亭八柱"。乾隆四十四年（1779年）春，乾隆帝汇集《兰亭帖》墨迹八帧，包括唐虞世南摹《兰亭序》、褚遂良摹《兰亭序》、冯承素摹《兰亭序》、唐柳公权书《兰亭诗》并后序、清内务府钩填柳公权《兰亭诗》即《戏鸿堂帖》刻原本、于敏中补戏鸿堂刻柳公权《兰亭诗》缺笔、明董其昌临柳公权《兰亭诗》、乾隆临《董其昌临柳公权书兰亭诗》，合为《兰亭八柱册》。③乾隆为了"一永其传"，即就"坐石临流"亭，易以石柱，每柱刻帖一册，于当年

---

① 乾隆：《味腴书室即事》，见《清高宗御制诗四集》卷三十七。
② 乾隆：《御制淳化轩记》，见《日下旧闻考》卷八十三，第1381页。
③ 蒋文光：《圆明园兰亭八柱》，见中国圆明园学会筹备委员会主编：《圆明园》第三集，第129页。

完成。这就是著名的圆明园"兰亭八柱"。

圆明园的各个殿堂里还悬挂着历代名家的书画真迹。南宋画家马和之的《国风图》、唐代画家韩滉的《五牛图》等,都搜罗其中。这些书画精品主要收藏在长春园内的"味腴书屋"和鉴园的"万源阁",以及圆明园"九州清晏"中的"画禅室"。乾隆在诗《初夏池上居》注中说:"室内别颜曰画禅,宫中画禅室所弆董其昌名画大观册,及黄公望山居图、米友仁潇湘图、李唐江山小景、宋元明真迹册,又予新集唐、五代、宋元、王维、周昉等画帧,凡幸圆明园,则携来以贮此室。"[1]可见,画禅室为园中又一收藏名画真迹之所。此外,乾隆朝绘制的《圆明园四十景图咏》《长春园全图》,郎世宁绘制的西洋铜版画水法房大殿、游廊、亭子的全景图,以及伊兰泰绘制雕刻的西洋楼铜版画 20 幅,均收藏于园中。

综上可知,圆明园的景色、建筑、陈设、收藏,无不独具匠心,制作精美,具有极高的历史价值和艺术价值。圆明园既是一座精美绝伦的建筑艺术宝库,也是一座综合性的文化艺术博物馆。它既有雍容博大的气魄,又富于诗情画意。所以,乾隆在《圆明园后记》中颇为自得地写道:"规模之宏敞,邱壑之幽深,风土草木之清佳,高楼邃室之具备,亦可称观止。实天宝地灵之区,帝王豫游之地,无以逾此。"法国伟大的作家雨果将圆明园誉为东方梦幻艺术的代表作。他说:"在地球上某个地方,曾经有一

---

[1] 乾隆:《初夏池上居》,见《清高宗御制诗四集》卷九十七。

个世界奇迹，它的名字叫圆明园。艺术有两个原则：理念和梦幻。理念产生了西方艺术，梦幻产生了东方艺术。如同巴黛农是理念艺术的代表一样，圆明园是梦幻艺术的代表。它汇集了一个人民的几乎是超人类的想象力所创作的全部成果。与巴黛农不同的是，圆明园不但是一个绝无仅有、举世无双的杰作，而且堪称梦幻艺术之崇高典范——如果梦幻可以有典范的话。"[①] 可以说，圆明园的建筑艺术和园林艺术为我国赢得了崇高的世界声誉。

第二节
圆明园与中西文化交流

圆明园不仅在我国建筑史、园林史上具有举足轻重的地位，而且在东西园林文化交流史、中西文化交流史上占有重要的地位。乾隆在长春园北部引进了一组欧式园林建筑，俗称"西洋楼"，标志着欧洲建筑与园林艺术于 18 世纪首次大规模引入中国皇家园林。同时，在欧洲的英、法等国，中国园林艺术也风靡一时，掀起了一股中国园林热。这可以看作是遥相呼应的同一现象的两个侧面。

---

① 雨果：《致巴特雷上尉的信》，《光明日报》1995 年 9 月 15 日。

一、传教士与西洋楼的兴建

（一）西洋楼的兴建

西洋楼兴建前，一些地方已有西式建筑。清初，随着大批基督教传教士的来华，教堂随之兴建。在南方的一些城市，民间建筑也模仿欧式建筑样式。

各地教堂大都由基督教会出资兴筑。澳门的古教堂主要有望德堂、圣老愣佐堂、圣安多尼堂、圣保禄堂、圣奥斯定堂、玫瑰堂。[1]北京宣武门内教堂，是汤若望于顺治七年（1650年）按中国式样建造的，后徐日昇与闵明我予以改造，成为欧式，但仍悬有顺治御匾"通玄微境"。"堂制狭以深实，正面向外，而宛若侧面，其顶如中国捲棚式，而覆以瓦。"[2]赵翼在《檐曝杂记》中也称："堂之为屋圆而穹，如城门洞，而明爽异常。"[3]可见，其中采用了中国传统的建筑样式。北京南堂建筑本已十分宏伟，康熙六十年（1721年）又经费隐主持，由葡王斐迪南三世资助，聘利博明修士（Fr.F.Maggi）为建筑师，全力改建，成为巴洛克式的建筑。徐日昇、闵明我又在堂侧建筑高塔二座，分置风琴和钟铎，定时奏乐。杭州天主堂在康熙时曾冠绝全国，"栋宇翚飞，金碧藻耀"[4]，为意大利耶稣会士卫匡我所兴建，"造作制度，一如大

---

① 方豪：《中西交通史》，岳麓书社1987年版，第929—931页。

② 吴长元：《宸垣识略》卷七，北京古籍出版社1982年版，第125页。

③ 赵翼：《檐曝杂记》卷二，中华书局1982年版，第36页。

④ 方豪：《中西交通史》，岳麓书社1987年版，第941页。

西；规模宏敞，美奂美轮"①，是全国最大最华丽的教堂。杭州天主堂轮廓虽为西式，但内部装饰则又中西相参。上海天主堂以安仁里世春堂为最，规模甲于上海，1640年传教士潘国光改为敬一堂，也是一座中西合璧的教堂和教士寓所。

清乾隆年间，沿海的某些商业城市也有模仿欧洲建筑和细部装修以标榜时尚的。澳门民居多西式，大致三层，依山高下，多作方、圆、三角、六角、八角或花果状，楼前常历阶数十级，门外为院，"又为土库楼下，以殖百货"②。广州幽兰门西十三洋行，建筑均是西式。扬州仿西式的建筑有澄碧堂、水竹居、左靠山。澄碧堂仿自广州十三行碧堂，"其制皆以连房广厦，蔽日透月为工"。水竹居是西式喷水池。扬州怡性堂的左靠山"仿效西洋人制法"，"前设栏楯，构深屋，望之如数什百千层，一旋一折，目炫足惧，惟闻钟声，令人依声而转，盖室之中设自鸣钟，屋一折则钟一鸣，关捩与折相应，外画山河海屿，海洋道路，对面设影灯，用玻璃镜取屋内所画影，上开天窗盈尺，令天光云影相摩荡，兼以日月之光射之，晶耀绝伦"③。安庆城南外有王氏花园，"承重处仿照西洋立柱法"，作重台叠馆。"重台者，屋上作月台为庭院，叠石栽花于上，使游人不知脚下有屋。""叠馆者，楼上作轩，轩上再作平台，上下盘折，重叠四层。"④西式建筑在

---

① 方豪：《中西交通史》，岳麓书社1987年版，第941页。
② 方豪：《中西交通史》，岳麓书社1987年版，第932页。
③ 《扬州画舫录·桥东录》卷十二，第270页。
④ 沈复：《浮生六记》卷四，人民文学出版社1980年版，第59页。

广东各地推广更快，18 世纪中叶以后，广州成批将中式房屋"改造精工，招诱夷商投寓，图得厚租"①。政府虽有禁令，然而难以阻止。北方宫廷中如圆明园的"水木明瑟"效法西洋，运用水流转动室内风扇，据《圆明园工程做法则例》记载，园内建筑物也采取某些欧式细部如西洋索子井（天花）、西洋如意栏杆、西洋踏跺级石等。

西式教堂和欧化民居是明末清初以来西学东渐的一个典型物化标志，是中西文化交流的结果和象征。不过，像圆明园那样大规模地将欧式宫殿建筑引入皇家园林尚属首次。尽管西洋楼在圆明园的整体规划中无足轻重，就全园而言不过是局部的点缀，但它毕竟是欧洲建筑和造园艺术传播到中国以来第一个具备群组规模的完整作品，在中西文化交流方面有一定的历史意义。

为什么要在圆明园中修建西洋楼？按照传统的说法，乾隆十二年（1747 年），乾隆帝偶见西洋画中喷泉而感兴趣，问意大利传教士郎世宁谁可仿制，郎即推荐法国传教士蒋友仁。乾隆帝遂命蒋友仁在长春园督造水法，建筑由郎世宁、王致诚（法国传教士）、艾启蒙（波西米亚人，传教士）等负责，并由汤执中（法国传教士）主持绿化。

按此说法，乾隆是出于对水法的猎奇心理而建西洋楼。不过，乾隆对西洋"奇珍异宝，并不贵重"②。他建西洋楼别有目的。乾

① 《皇朝文献通考》卷三三。
② 《清高宗实录》卷一四三五，乾隆五十八年八月辛未。

隆六十年（1795年）乾隆在《题泽兰堂》诗注中说：

堂北为西洋水法处。盖缘乾隆十八年，西洋博尔都噶里雅（葡萄牙）国来京朝贡。闻彼处以水法为奇观，因念中国地大物博，水法不过工巧之一端，遂命住京之西洋人郎世宁造为此法，俾来使至此瞻仰。[①]

按照乾隆的说法，乾隆十八年（1753年）葡萄牙遣使来京，为了向西洋使臣夸耀天朝大国的无奇不有和无所不能而建了西洋楼。罗马教廷传信部档案处，藏有乾隆十八年葡王若瑟第一遣巴石喀使华纪实一文，其中有一段饶有兴趣的文字，对乾隆这种夸耀西方的心理作了生动的描述："……后来富公爷带钦差去看西洋房子，很美很好的。照罗马样子盖的。内里的陈设都是西洋来的，或照西洋样子作的。富公爷问钦差：'西洋见过没？'他说：'有好些没有见过。因为内里东西很多，都是头等的。……一半我见的，一半不能见的。'都是西老爷说的。他知道的很细，因为常陪钦差筵宴、看戏、看花园等事。又因他在朝里，在花园里，作钟作玩艺，天天见万岁。……万岁对西老爷（按指西澄元）说过好几次，你们快快完西洋房子，你们的西洋大人来了，我叫他看我的西洋房子里的陈设，都是大西洋的很好的东西，又有好些

① 乾隆：《题泽兰堂》，见《高宗御制诗五集》卷九十四。

都是西老爷做的，很巧很妙的玩意排设。"[1]

此后，葡萄牙、英吉利、荷兰的使臣到京，乾隆都让他们观赏水法和西洋建筑，以夸耀大清帝国的无所不有。

从乾隆十二年（1747年）到乾隆二十五年（1760年）先后修建了谐奇趣、蓄水楼、养雀笼、方外观、海晏堂、远瀛观六幢欧式建筑和谐奇趣、海晏堂、远瀛观前的三组大型喷泉，以及若干园林小品。这些建筑物由西向东成带状分布在长春园北墙内的狭长地带，属于文艺复兴后期巴洛克风格，俗称西洋楼。

谐奇趣，为园中最早建成的西洋楼，于乾隆十二年兴工，乾隆十六年（1751年）建成。正楼上下两层，建于汉白玉高台上。楼前两侧，有八角五色亭形楼，是专门为皇帝演奏蒙、回音乐的地方。楼前有巨大的海棠花式喷水池。池中有西洋翻尾大石鱼一尾，水由口内喷出，高达五丈多。环池有铜雁十八只，口中喷出曲线形水柱。池边有铜羊四只，向池中喷水。[2]楼西北方向建有蓄水楼，高两层，专供谐奇趣南北两面喷泉用水。饲养珍奇鸟类的养雀笼也在此时完成。

海晏堂，为西洋楼中最大的建筑物。西向，两层，十一开间，中间设门，门外平台左右对称布置弧形石阶及水扶梯形式扶手墙，可沿石阶下达地面水池。池正中有喷水池一座，两侧各排六只铜铸动物，这些动物是：鼠、牛、虎、兔、龙、蛇、马、羊、猴、

① 方豪：《中西交通史》，岳麓书社1987年版，第945页。
② 赵光华：《长春园建筑及园林花木之一些资料》，见中国圆明园学会筹备委员会主编：《圆明园》第三集，第7页。

鸡、狗、猪，分别代表时辰子、丑、寅、卯、辰、巳、午、未、申、酉、戌、亥。每个时辰（两小时）依次喷水，正午由十二铜兽同时喷水。和这十一间楼用扶梯连接的是安放水车水库的十一开间工字楼，中段有砖砌高台，上置"养鱼池"，也叫蓄水池，可盛水180吨。为了防止渗漏，池周包满锡板，称为"锡海"。工字楼两翼是东、西两水车房，地面下有流水石槽，借以激动机轮，带动龙尾车，扭水旋转上升，达到锡海，再利用地心引力经过铜管流向喷泉。蓄水池为东部总水源，向东供远瀛观之大水法，向西供海晏堂西各水法及附近各喷水池，每当各喷水齐发时，巨大的声响如同山洪暴发，声闻数里，说话必须打手势。

远瀛观，在海晏堂的东面，从南到北可划分为南、北、中三段。北部是远瀛观，坐北朝南，建于高台上，全部用汉白玉雕刻而成，中部为大水法，紧靠在远瀛观台基之下，有半圆海棠花式水池，池边用白玉石雕刻成精美花纹，池中有一只铜鹿作向南奔跑状，东西各有铜狗五只，水由铜狗口中喷出，一齐射向铜鹿，俗称"十狗喷鹿"。南部为观水法，在大水法对面，坐南朝北，中间设宝座，宝座后有石制屏风五件，上刻西洋刀剑、甲胄、炮弹等物。这里是皇帝观水法的地方，故称观水法。

这些西洋建筑不仅建筑形式是欧化的，而且内里的陈设和物品也是西洋式样。西洋楼内也陈设了大量的西洋物件，诸如西洋玻璃灯、西洋射光镜、西洋银箱、西洋磁嵌玻璃方盒、西洋荷包、西洋金桃式盒、西洋铜日晷、西洋玻璃沙漏子、西洋书本、西洋绿天鹅绒桃式盒、西洋银异兽、西洋银里漆盘、西洋珐琅碗、子儿皮箱、西洋金银丝箱、西洋紫天鹅绒套日晷、西洋百步灯、西洋绿锦箱、西洋银盘、西洋挂镜、罗镜、西洋银油灯、显微镜、砂漏子、天体仪、浑天仪、表仪、西洋蜡、交食仪、七政仪等，[①]不可胜数。

（二）传教士与西洋楼

对于传教士来说，为皇帝和宫廷服务包含着双重的意义。一方面，他们深知，中国皇帝拥有至高无上的权力，倘若不能博其欢心，不但可能被赶走，甚至会招致杀身之祸，所以首先是为了站稳脚跟。另一方面，是企图以皇帝为突破口，达到将整个中国基督教化，并进而使中国周边国家也基督教化的目的。这是早期来华传教士服务宫廷和皇帝的目的和任务。

到雍正、乾隆时期，因为"礼仪之争"，基督教在中国的情形有了很大的变化。严厉的禁教政策使传教士的活动受到很大的限制，他们只能小心翼翼地在宫廷中为帝王提供智力服务，修建园林和皇帝感兴趣的水法即是争取禁教松弛的手段之一，如果能以此为打破禁教的突破口，则更是他们所渴求的。他们所有的委曲求全，都是为了他们在华传教事业的发展。从郎世宁到王致诚、蒋友仁，所有的传教士无不本着这个原则服务于宫廷。有学者认为，传教士修建欧式宫殿和水法，是为了夸耀西方文明，这是不太准确的。郎世宁为皇帝画御容、设计欧式宫殿，目的是"俾能

---

① 中国第一历史档案馆编：《圆明园》（下），上海古籍出版社1983年版，第1339—1341页。

传教自由"①。王致诚说他和所有在宫廷服务的欧洲人都不是为暂时的报偿来中国的。"他们还有更纯粹、更高尚的动机。他抓住机会就向他们宣扬基督教义。"②蒋友仁为迎合乾隆的欢心，督造水法，由"天文学家，摇身一变，而为制造喷水泉者"，"只须有裨正教，为耶稣基督尽力，任何事彼皆当竭诚为之。此为神父蒋友仁，今兹置身于与彼之性格兴趣若风马牛不相及之事务之时，惟一之思念"③。在如此动机的催促下，宣扬异国风光的西洋建筑与水法，就在圆明园中出现。对此，方豪先生曾有精辟论述："教士既不能致力于教会建筑，为解救教会所遭遇之禁阻计，又不能为清帝效力，以图转圜，圆明园之西式楼殿等即在此种情况下产生也。"④

为了在华传教事业，迎合中国皇帝的欢心，传教士设计修建了西洋楼，付出了艰辛的劳动，其中以郎世宁、蒋友仁最为著名。

郎世宁（Guiseppe.Castiglione，1688—1766 年），意大利画家。他在来华之前，就是一位很有成就的青年艺术家，充分掌握了 17 世纪末至 18 世纪盛期巴洛克风格最后的代表人物——波卓的画艺技法。在建筑方面，郎世宁的主要成果就是圆明园中的西洋楼。他是这组建筑的总设计师。

---

① ［法］费赖之：《在华耶稣会士列传及书目》，冯承钧译，中华书局 1995 年版，第 647 页。

② 朱静编译：《洋教士看中国朝廷》，上海人民出版社 1995 年版，第 190 页。

③ 欧阳采薇译：《西书所纪圆明园中之西洋楼》（长春园），见《国立北平图书馆馆刊》第七卷第三、四号，第 32 页。

④ 方豪：《中西交通史》，岳麓书社 1987 年版，第 942 页。

作为总设计师，郎世宁的作用主要体现在以下几个方面。

第一，整体建筑风格的把握。郎世宁设计的基本风格是欧洲的巴洛克风格，但他从波卓师承下来的巴洛克风格已属盛期后半，具备一些新颖特点：灵巧曲折、奇幻多变的倾向，郎世宁设计的西洋楼，这些特点有较为充分的体现。在建筑史上，这种以灵巧纤秀取胜的后期巴洛克风格，又别称为"罗柯柯风格"。但罗柯柯风格在欧洲的形成是在 1720 年以后，当时郎世宁早已离开欧洲。他在设计西洋楼期间（1745—1759 年），有可能从后到的传教士（例如蒋友仁，他于 1744 年来华）获得一些信息，但这些带有罗柯柯风格特点的创新，却不能不说主要源于他来华以后的艺术实践。[①] 所以，西洋楼是严肃凝重的巴洛克与纤巧灵活的罗柯柯风格的完美结合。

第二，总管施工图样的设计。作为总设计师，整个西洋楼建筑的设计图样均出自郎世宁之手。蒋友仁将水法模型进呈御览后，乾隆甚为满意，于是决定建筑一座欧式宫殿，并亲自在花园中择定地址，且命令郎世宁与蒋友仁协力合作，"绘一结构大略之总图"[②]。这就是长春园西洋楼第一期水法工程——谐奇趣，自乾隆十二年（1747 年）筹划，至乾隆十六年（1751 年）建成。乾隆二十一年（1756 年），乾隆打算继续修建第二座西洋式花园，再次命令郎世宁负责设计整个建筑的结构图样。该年四月初七日，

① 周一良主编：《中外文化交流史》，河南人民出版社 1987 年版，第 296 页。
② 欧阳采薇译：《西书所纪圆明园中之西洋楼》（长春园），见《国立北平图书馆馆刊》第七卷第三、四号，第 33 页。

乾隆下旨："长春园谐奇趣东边，著郎世宁起西洋式花园地盘样稿呈览，准时交圆明园工程处成造"①。十一日，"郎世宁起得西洋式花园式小稿一张呈览"②，奉旨照样准造。这就是包括方外观、海晏堂和大水法喷泉在内的第二座西洋式花园，于乾隆二十二年（1757年）建成。作为总设计师，对长春园的建筑，郎世宁可以说是了如指掌。乾隆二十二年七月，宫廷画师张延彦奉命在长春园全图上画茜园、谐奇趣及新添水法（指海晏堂、方外观），乾隆就指示他："有不明白处问郎世宁画。"

第三，具体楼阁装饰绘画和室内陈设设计图样的绘制。随着西洋楼各处景观的陆续修筑，郎世宁开始为建得的楼阁装饰绘画。如乾隆十六年十一月初八日，郎世宁仿西洋铜版画手卷二卷款式，为长春园水法房大殿三间、东西稍间四间、游廊十八间、东西亭子二间，俱起通景画稿，并着王致诚照样放大；乾隆二十五年（1760年）三月二十五日，为新建水法西洋门内八方亭棚顶画西洋画；乾隆二十六年（1761年）九月十三日，又为新建水法十一间楼起稿画通景画。除此以外，郎世宁还为西洋楼各处的室内陈设设计图样，并亲自布置。如乾隆十五年（1750年）八月初五日画长春园水法房正殿花盖、靠背、坐褥；乾隆十七年（1752年）十月十三日造办处奉命将抚宸殿玻璃屏风一座，送往圆明园交郎世宁安设；十月十九日太监胡世杰交玻璃八仙灯一对、铜广珐琅

---

① 中国第一历史档案馆编：《圆明园》（下），上海古籍出版社1983年版，第1359页。
② 中国第一历史档案馆编：《圆明园》（下），上海古籍出版社1983年版，第1359页。

插屏二座，传旨着郎世宁在水法殿安设；二十日交铜胎珐琅缸一件，传旨着郎世宁在水法殿陈设；乾隆二十一年（1756年）五月二十六日，画西洋陈设样四张；六月初一日，又与蒋友仁一起作水法陈设几件，并将玻璃时辰表、珐琅走兽灯三十一件西式作陈设，在水法上用。从这些实例中，可以了解郎世宁多方面的艺术才能。同时也可看出，郎世宁发挥了一个总设计师的作用。

蒋友仁（P.Benoist Michel，1715—1774年），字德翊，法国耶稣会士，是圆明园西洋水法的设计者。年轻时接受过良好的科学教育和训练，受业于当时法国著名科学家德里斯·德凯尔，系统学过数学、天文、机械和物理学。1744年来华，先在澳门传教，后以宫廷数学家的名义进入北京，为宫廷服务。蒋在华30余年，于事业上殚精竭虑，勤勉笃学，为发展中国近代科学作出了贡献。为圆明园设计监造水法只是他在华科学事业的一部分。

喷泉原为希腊罗马的技术，到17世纪风行于欧洲，尤以意大利、法国的喷泉种类多、设计巧妙。蒋友仁在欧洲学物理时，曾讲解、设计、仿造过水利机械，很可能读过1704年出版的法国园艺家勒朗（1679—1719年）所著的讲述喷泉类型与制造的书《造园理论与实践》，并且熟识欧洲庭院的喷泉，这是他能够胜任这个工作的主要原因。

蒋友仁向乾隆帝进呈了一具喷水工程模型，经试验成功。水法对于当时的中国人是闻所未闻的，蒋友仁由此而颇得乾隆的欢心。其后，乾隆帝拟在圆明园中建西式宫殿若干所，并布置水法，于是命蒋友仁主持其事，蒋友仁"费数年之功力，展其鲜有之天才，建造最工巧复杂而足赏心悦目之水机"[1]，先后建成了三组大型建筑物谐奇趣、海晏堂、远瀛观前的喷泉，"就中若斗兽、若奔鹿、若水时计，皆其杰作也"[2]。

作为整个工程的设计者和监工，蒋友仁付出了艰辛的劳动。他要设计、修改图纸，要指导铸管和安装，还要频频会见参观者和来访者，工作相当繁巨。对其工作及其艰辛，与他一道工作的传教士曾这样记述："逐日或在此工厂中，或赴彼工厂中，距离少则五里，远则有时二十里，尚须赶回御园，以备皇帝询问。无论风雨伏天，工程从未中断。大斋日与小斋日，所食者常为干饭咸菜，而中国烹调颇与其胃不相宜，有时不待食毕即行。迨晚疲劳已极，尚须于夜间预备图案，检定计算之是否有误。"[3]过度的劳累损害了他的健康。1774年，蒋友仁患中风病故。

正是以郎世宁、蒋友仁为代表的传教士将欧洲建筑和园林艺术引入中国，将明末清初以来的中西文化交流引入新的境界。由他们设计建造的西洋楼及西洋水法，体现了欧洲文艺复兴后期巴洛克风格与罗柯柯风格相结合的建筑艺术和欧洲近代物理机械科学方面的新成就，体现了郎世宁、蒋友仁等传教士在传播西方文化、发展中国园林艺术方面所作出的贡献。

---

① [法]费赖之：《在华耶稣会士列传及书目》，冯承钧译，中华书局1995年版，第851页。
② [法]费赖之：《在华耶稣会士列传及书目》，冯承钧译，中华书局1995年版，第851页。
③ [法]费赖之：《在华耶稣会士列传及书目》，冯承钧译，中华书局1995年版，第851页。

二、西洋楼与中国园林传统

西洋楼总体来说是一组欧式的宫殿和园林，但从总体规划到细部处理又都吸收了中国园林及建筑的优点，进行了中西结合的尝试。应该说，它是以欧洲风格为基调，融糅了部分中国风格的作品。

在整体规划上，西洋楼是西式轴线对称与中国传统院落布局意味的完美结合。西洋楼的规划一反中国园林的传统，突出地表现了西方轴线对称的特点。东西方向上的轴线长约800米，但并非一眼望穿，而是以建筑划分为有节奏的三段，这就显示了中国院落布局的意味。从最西开始，由谐奇趣与花园门组成第一条次轴，再和靠西墙的蓄水楼面对养雀笼构成四合院。第二条次轴由北面的方外观对南面竹亭，再与东西相对的海晏堂和养雀笼构成又一四合院。再往东，坐南的观水法宝座加靠壁，北对大水法、远瀛观，与西面的海晏堂和东面的线法山组成最后的四合院。"线法山门"与"线法山东门"之间的线法山，自成一院。再东是方河，隔河望线法墙，就到了主轴东尽端。[①] 主轴线从西边延伸到东边，由于中间被楼阁、宫殿等重重分隔开来，颇似中国传统的院落布局，所以并没有欧式庭园那种一望到底的感觉。

在结构布置上，西洋楼是欧洲园林的几何构图与中国园林自然

---

① 童寯：《北京长春园西洋建筑》，见王道成主编：《圆明园——历史·现状·论争》，北京出版社1999年版，第273页。

山水式的完美结合。在总体布置上，西洋楼主要采用欧洲传统的几何构图，但在局部上又采用了中国式的自然式布置。例如，从养雀笼到海晏堂的建筑物是规则式的，道路也是西方园林中常见的笔直式，但平直的道路又被自然形式的弯曲小河所穿插，并于河边建亭，两端还布置小桥，着意糅合中国式小桥流水的韵致。周围的山水花木也是自然布置的，这样就使平直的道路并不显得呆板，可以说是西欧园林的几何构图与中国园林自然式山水布置相结合的一个典型例子。此外，喷泉及大面积水面的池岸多砌成整齐的几何形，而小河流的护岸则用乱石砌成自然式。迷宫是规则的几何构图，迷宫后面的土山及道路是自然风景的形式。①

在建筑形式和材料选用上，中西并举。六幢大型建筑物谐奇趣、蓄水楼、养雀笼、方外观、海晏堂、远瀛观，是欧洲巴洛克风格和罗柯柯风格结合的宫殿式样。全部建筑用承重墙结构、平面布置、立面柱式、檐板、玻璃门、窗及栏杆扶手，都是西洋做法。屋顶则有中国的重檐、硬山、卷棚、攒尖各式，用筒瓦、鱼鳞瓦、花屋脊及鱼鸟宝瓶装饰，只是不起翘。如远瀛观、海晏堂的屋顶即以黄、蓝、绿琉璃瓦覆盖，显示了中式建筑的特点。如，乾隆十五年（1750 年）十一月十三日，乾隆特地下旨命令将谐奇趣"水法处"正楼前平台上铜栏杆着改做琉璃栏杆。② 又如，亭子为中国园林中独有的建筑样式，在西洋楼中也大胆采用了两个八

---

① 金毓丰：《圆明园西洋楼评析》，见王道成主编：《圆明园——历史·现状·论争》，北京出版社 1999 年版，第 286 页。

② 中国第一历史档案馆编：《圆明园》（下），上海古籍出版社 1983 年版，第 1326 页。

角亭，^①是专门为皇帝演奏蒙、回和西域音乐的地方。太湖石、竹亭等点缀更具中国特点。喷水塔、喷泉与喷水池也带中国式装饰。圆明园中的许多建筑还吸取了一些清代建筑装饰图案及雕刻手法。雕刻装饰细部夹杂中国式花纹。如，谐奇趣水法所挂西洋镜一对，镶嵌"楠木彩漆花边"^②。谐奇趣正宝座背后照壁也饰以"楠木花纹贴金"^③。此外，建筑物的石雕、砖雕也十分精美，充分显示了我国雕刻工艺的水平。

在造园内容上，中西合璧。既有西洋的宫殿、迷宫、线法画以及喷泉、花坛、草坪，又有中国的叠石堆山和花街铺地。建筑物前有西洋式的石狮子，但欧洲园林喷泉中常用的裸体人身石雕像改用铜铸的我国的十二生肖及鸟兽虫鱼之类，这显然是尊重中国传统习惯的变体创作手法。

在植物配置上，西方的几何形式和中国的自然风景形式同时运用。在花木配植和修剪方面，采用欧洲规整式园林的传统手法，诸如整齐的绿篱，树木成行列栽植，树木的修剪成形，用花草铺成地毡式的图案花坛。不过，这种配置的手法又是灵活的，往往视景区的要求和风格栽植中国自然式的花木。如，观水法前是少量修剪成规则几何形的绿篱和线法松，线法山西门是低矮整齐的松柏，线法山则是自然形态的松树，线法山东门两侧腰圆形水池

---

① 舒牧等编：《圆明园资料集》，书目文献出版社 1984 年版，第 58 页。

② 中国第一历史档案馆编：《圆明园》（下），上海古籍出版社 1983 年版，第 1340 页。

③ 中国第一历史档案馆编：《圆明园》（下），上海古籍出版社 1983 年版，第 1365 页。

后是自然形态的假山石和混植花木，线法墙的舞台布景周围种植了自然的高大的楸树，等等。[1]

西洋楼是把欧洲和中国两个建筑体系和园林体系加以结合的首次创造性尝试。它着重突出西洋风格，同时也熔铸了中国格调。它既凝聚着欧洲传教士的心血，也包含了中国匠师的智慧和创造的结晶。它是中西建筑园林艺术融合的产物，是中西艺术家合作的成果。"何分西土东天，倩他装点名园"[2]，集中西方建筑、造园艺术精华于一园的圆明园，有着"直把江湖与沧海，并教缩入一壶中"的气魄，无愧于"万园之园"的称号。她的蜚声中外绝不是偶然的。

三、圆明园与18世纪欧洲的"中国园林热"

文化交流的影响从来都是相互的，一方面是西方文化的东来，另一方面则是中国文化的西传。通过传教士致罗马教廷和发回国内的信函中详细而生动的描述，圆明园被介绍到欧洲而蜚声一时。它所代表的中国古典园林独树一帜的艺术风格，使欧洲人心向神往，以帝王为代表的欧洲上流社会纷纷仿建中国庭园，从而掀起了一股中国园林热，对欧洲造园艺术有着深刻的影响。

17世纪中叶到18世纪中叶，欧洲大陆正值古典主义造园艺术最盛行的时候。这种园林艺术以法国为代表，风格主要是：第一，

---

① 金毓丰：《圆明园西洋楼评析》，见王道成主编：《圆明园——历史·现状·论争》，北京出版社1999年版，第286页。

② 《日下旧闻考》卷八十一，第1351页。

体量巨大的建筑物矗立于花园中十分突出的中轴线起点之上，建筑物是花园的统率；第二，在花园的中轴线上布置宽阔的林荫道、花坛、河渠、水池、喷泉、雕塑等，并且这根中轴线一直延伸到林园里；第三，在园林里开辟笔直的道路，交叉点上形成小广场，点缀以小建筑物或喷泉等，体现出严整的几何性；第四，水面被限制在整整齐齐的石砌池子里。古典主义造园艺术追求的是明白纯净，体现出严谨的理性而完全排斥了自然。"强迫自然接受均称的法则"，这就是西方古典主义造园艺术的基本信条。[①]

与此同时，在英伦三岛却形成了另一极端的倾向。造园标榜返璞归真，完全模仿自然风景而抹杀人为的创造。这种风景式园林又叫"英国式园林"。它与古典主义园林是当时西方造园艺术的两个主流。

18世纪，随着海外贸易的发展，欧洲有许多商人和传教士来到中国。商人从中国带回的大量工艺品，以及传教士寄回国内的大量描写中华文物繁盛的书面报告，在欧洲人面前展示了一种前所未有的高水平东方文化。新奇幽雅、灵巧精致的中国艺术风格使西方人大开眼界。于是，一股强劲的纷起仿效中国艺术的"中国热"旋风在欧洲社会骤然形成。就在这股"中国热"的气氛中，通过以王致诚为代表的传教士的介绍，欧洲人开始知道以圆明园为代表的中国古典园林艺术。这是一种既不同于古典主义，又异

[①] 王德胜：《半槛泉声过四海，一亭诗境飘域外——略谈中国造园成就与园林美学对世界的影响》，见宗白华等著：《中国园林艺术概观》，第462—463页。

于英国式园林的艺术形式，犹如空谷足音，在欧洲引起强烈的反响，掀起 18 世纪欧洲"中国园林热"。

提到中国园林在欧洲的影响，就必须提到法国传教士王致诚，提到他向西方社会介绍圆明园的一封长信《中国皇家御苑写照》。

1743 年 11 月 1 日，王致诚从北京给友人杜桑·达索寄了一封长信。这封信被收入《耶稣会士书简集》，1749 年在法国出版。此信一面世，立即在欧洲引起了强烈的反响，很快被译成英文和德文，被欧洲的一些重要刊物转载，人们竞相传阅。这封信之所以为王致诚赢得了如此巨大声誉，主要是因为他对中国古典园林艺术的杰作——圆明园所作的详尽描述，满足了当时欧洲人对东方审美情趣追求的心理。

王致诚本人是画家。在信中，他以一个训练有素的艺术家的眼光，淋漓尽致地描述被他称作"万园之园""人间天堂"的圆明园。他将欧洲人的审美情趣与表现在中国园林艺术中的东方情趣比较，凸现两者的异同。"在每条山谷中和流水之畔，都有巧妙布局的多处主体建筑、院落、敞篷或封闭式的走廊、花园、花坛、瀑布等的建筑群，它们形成了一个组合体，看起来令人赏心悦目，赞不绝口。人们不是通过如同在欧洲那样美观而笔直的甬道，而是通过弯弯曲曲的盘旋路，才能走出山谷。路上甚至装饰有小小的亭台楼榭和小山洞。在出口处，又会发现第二个山谷，它或以其地面形状，或以建筑结构而与第一个小山谷大相径庭"。[1] 王致

---

① ［法］杜赫德编：《耶稣会士中国书简集》Ⅳ，第 289 页。

诚表示了对古典主义极端程式化园林的反感，他以一个艺术家的敏感体悟到了中国园林重要的美学原则：师法自然，重自然逸趣而不尚人工雕琢。他写道："每个国家都有其情趣及其习惯。我们应该承认我们的建筑之美，但它在任何地方都没有它那种庞大而庄严的特征。……在我们之中，人们希望到处都千篇一律的单调与对称。人们希望其中没有任何不配套和任何不得体的地方，看某一部位与其正面或背面者是否完全相匹配。在中国，人们也喜欢这种对称，这种秩序井然的状况，这种巧夺天工的安排。我在本封信开头处就向您讲到的北京的皇宫即符合这种审美观。宗王和王公大臣们的府宅、衙门，稍富裕一些的私户民宅，他们都依照这条法则而修建。但在御园别墅中，人们却希望到处都呈现一种美的无序，一种反对称。一切都是围绕着这条原则运行的：人们希望表现的是一个质朴而自然的别墅，而不是一个符合所有对称和比例的一切准则的井然有序的宫殿群……这一切都优雅别致，安排得如此巧夺天工，以至于使人永远不能一眼看穿其全部美感，必须逐个地进行审视。这里有可供长时间游乐消遣的东西，也有能满足人们全部好奇心的东西。"[①]

王致诚对圆明园的描述轰动了整个欧洲。不少王公贵族千方百计收集有关中国园林的资料，托人复制圆明园四十景和热河避暑山庄三十六景图。王致诚的这封信和圆明园四十景图是当时传入西方、对中国园林艺术最深入最翔实的介绍。同时，这封信出

---

① 〔法〕杜赫德编：《耶稣会士中国书简集》Ⅳ，第296—297页。

自一位颇有艺术素养的画家之手，它是最直接切入中国传统美学原则的、最有分量的研究资料。当时 18 世纪的欧洲中国热方兴未艾，王致诚的这封信无疑将这股热潮推向了一个新的高潮。在这股风气的领引下，欧洲人在他们的园林修建中开始借鉴中国园林的某些艺术手法，从而使庄重刻板的古典主义园林增添了灵活飘逸的韵味，散乱无章的英国式园林更具乡野曲折的层次感。

17 世纪末，中国式建筑传入法国，但欧洲人醉心中国园林的高潮出现在 18 世纪下半叶。中国式的园林首先在英国形成气候，到 18 世纪晚期又传回欧洲大陆，被法国人称为"英中式花园"大加模仿，德国、荷兰、瑞士等国也纷纷效法。

法国国王路易十四是"中国趣味"的追随者和实践者。他率先在欧洲修建中国式建筑。1670 年，他在豪华的凡尔赛宫内建造一座中国风格的瓷塔，内部陈设中式家具，取名"中国茶厅"。此塔被认为是欧洲模仿中国式建筑的鼻祖。

1749 年，王致诚书信的发表更激起了法国人对中国园林的向往。随后，王致诚又将中国画家唐岱、沈源于 1744 年所绘的圆明园四十景图副本寄往巴黎，为法国人提供了更明确的模仿范本。著名建筑师如卡牟（Le Camus）、培兰革（Belanger）、奥古斯丁（Jean Augustin）、累那（Renare）等均崇尚仿造中国园林以点缀天然，[1]巴黎附近权贵们的私人花园里充斥着亭台楼阁、小桥流水、假山岩洞。值得一提的是，1775 年路易十五下令将凡尔赛花

---

① 朱谦之：《中国哲学对欧洲的影响》，上海人民出版社 2008 年版，第 67 页。

园里经过修剪的树统统砍光。这明显受到中国植物自然栽培原则的影响。有人认为这是中国园林艺术在法国取得最后胜利的标志。

在学习和推广中国建筑园林艺术方面走在前面的不是法国，而是英国。中国造园艺术能够对英国发生实际影响，是因为"十八世纪的英国园林成了政治上在野派的退隐闲居之地，这一点跟中国造园艺术十分投契。于是，要求性灵的自由而反专制，要求抒发情感而反对理性，推崇生野的自然状态而厌恶文明的束缚，等等，就成了共同的追求"①。

英国人威廉·坦普尔（William Temple，1628—1699 年）于1685 年发表的《关于园林》一文，对中国园林大加赞赏，批评欧洲园林整齐划一，缺少变化，鼓吹引入中国园林艺术。他说："我们的建筑和园林之美主要靠一定的比例、对称和统一，我们的园中树木都互相陪衬，排列得整整齐齐，行间距离相同。中国人瞧不上这种办法，他们说，一个会数数到一百的孩子，就能把树一排一排种得很直，一棵连一棵，要什么距离就什么距离。而他们最用心的地方，在于把园林布置得极美极动人，但一般却不易看不出各部分是怎样糅合到一起的……谁要是注意一下最好的印度袍子上的花纹，或者他们最好的屏风上、瓷器上的图画，就会看到这种散乱的美。"②

十余年后，著名散文家约瑟夫·艾迪生（Joseph Addisom，

---

① 窦武：《英国的造园艺术》，见中国圆明园学会筹备委员会主编：《圆明园》第五集，第251—252 页。

② 转引自周一良主编：《中外文化交流史》，河南人民出版社 1987 年版，第 596 页。

1672—1719 年）在《旁观者》上发表文章，对坦普尔的思想作了进一步的发挥，"介绍中国情况的作者们说，那个国家的人们嘲笑欧洲这种尺寸精确、线条工整的园林布局；因为他们说任何人都能把树木种得行距相等、形状一致。他们喜欢在园林设计中显示天才，因而使他所遵循的艺术隐而不露。他们的语言中有一个词专门用来表达园林之美，意即乍一看使人浮想联翩，只觉美不胜收而不知其所以然"①。

与艾迪生同时代的英国诗人蒲伯（A.Pope）对中国园林更是倍加赞扬，他称中国园林"不加装饰的自然所具有的亲切纯朴之美"②，而无情嘲笑欧洲园林将树木修剪成形等违背自然规律的行为。他也曾按照中国园林的格局布置自己的花园。

英国在介绍和仿造中国园林方面最有成就的当推威廉·钱伯斯（William Chambers，1723—1796 年）。钱伯斯是一位建筑师，著有《中国建筑、家具和服饰设计》《论东方园林》《中国房屋建筑》等有关中国建筑和园林的著作。他对中国园林的自然之美尤其欣赏，"大自然是他们的标准，他们的目的就是模仿大自然的全部不规则美。建园之前，中国人首先要察看地形，看看地块有多大，是否有坡度，有无小丘、湖荡或小河，然后就势造园，隐去其缺陷，凸现其自然之美，使之最符合自然面貌"③。1762

---

① 转引自范存忠：《中国文化在启蒙时期的英国》，译林出版社 2010 年版，第 96—97 页。
② 转引自范存忠：《中国文化在启蒙时期的英国》，译林出版社 2010 年版，第 97—98 页。
③ 转引自许明龙：《欧洲十八世纪"中国热"》，外语教学与研究出版社 2007 年版，第 96 页。

年，钱伯斯在伦敦东南丘城为肯特公爵设计建成一座中国式的园林，称为"丘园"。园中设置了中国式的假山、瀑布、小桥、流水，湖旁还建有一座九层的中国式的砖塔。塔旁还有一座孔子楼，图绘孔子事迹。"丘园"的出现轰动了欧洲，为其他欧洲国家仿建中国园林提供了样板，法、德等国纷纷步其后尘，争相仿效。法国人称当时英国园林为"英中式花园"即源起于此。

18 世纪晚期，"英中式花园"传入欧洲大陆后，欧洲大陆掀起了"中国园林热"。

德国出现了大规模的中国式园林，1773 年，建筑师乌奇（Ludwig A.Unzer）出版了他的专著《中国园林论》，高度赞美中国园林建筑，同时呼吁人们一起来学习，他说："除非我们仿效这个民族的行径，否则在这一方面一定不能达到完美的境地，我们无须以学习他们的行径为耻。"[1] 德国的中国式园林最宏伟的当属卡塞尔伯爵所建的"木兰村"（Moulang）[2]。木兰村建于1781 年，几乎所有建筑物都是中国式平房，村旁有小溪"吴江"（Hu-Kiang），宛如我国江南水乡，村内还有身穿中国服装的非洲挤奶姑娘。

"中国园林热"在瑞典的最大举动就是国王阿道夫·弗里德利克（Adolphe Frederic，1710—1771 年）于 1753 年建造的一座中国式宫殿"中国宫"，是国王送给王后的生日礼物。这座宫殿在

---

① [德]利奇温：《十八世纪中国与欧洲文化的接触》，朱杰勤译，商务印书馆1991年版，第108页。
② 朱谦之：《中国哲学对欧洲的影响》，上海人民出版社2008年版，第67页。

外形上模仿中国，据学者考证是一座带有两翼的木质建筑，上漆模仿编织物的红底格子花纹，屋顶垂挂着一些橡树果和小铃铛。[①]室内的陈设也是中国式的，如大理石佛像、道教人物雕像、竹制梳妆台、紫檀木中式家具等。

欧洲其他国家也不同程度地受中国园林的影响。在波兰，国王奥古斯都在华沙的御园中建造了中国式的小桥和亭子。在意大利，英国造园家穆尔被特邀将布尔基斯庄园的一个景区改造成中国园林的自然式布局。俄国也刮起了修建中国园林之风。彼得堡郊外的夏宫、奥朗宁堡的中国宫，就是以中国宫殿为模式建造的。夏宫里有中国式的小桥流水、亭子等园林小品，客厅也按照中国习俗布置。

以圆明园为代表的中国园林艺术就是以这种师法自然的倾向，"虽由人作、宛自天开"的和谐布局，淡雅幽深的意境，引人遐思的想象力，吸引、影响并征服了欧洲人，改变了欧洲原有的园林风格，以至对欧洲园林艺术乃至世界园林艺术都产生了持久的影响。

---

① 李明：《瑞典"中国宫"的形成及其风格》，载《国际汉学》第四辑，第163页。

第四章

圆明园与第二次鸦片战争

1856 年至 1860 年，英国侵略者为了进一步扩大他们在第一次鸦片战争中已取得的政治、经济特权，在俄国和美国的支持下，联合法国，共同发动了又一次侵略中国的战争。这一次侵略战争是第一次鸦片战争的继续和扩大，故称为第二次鸦片战争。英法侵略者倚仗船坚炮利，步步进逼，最后公然侵入北京，焚毁圆明园。在熊熊烈火的恐吓下，清政府被迫签订了丧权辱国的《北京条约》，中国社会的半殖民地程度进一步加深。"圆明园之火"彻底打击了对西方列强还存有疑惧和不够顺从的清政府而使之俯首帖耳。清政府与西方列强从此相互勾结，组成联合武装共同镇压太平天国革命，形成了所谓"中外和好"的局面。从这种意义而言，"圆明园之火"是帝国主义、封建主义相结合这一历史进程的重要转折点。因此，圆明园的焚毁不仅是第二次鸦片战争的尾声，是中华民族耻辱历史的见证，也是中国社会半殖民地程度进一步加深的一个重要转捩点。

第一节
战争的重起

　　第二次鸦片战争可以分为两个明显的作战时期。战争的第一阶段从 1856 年英国进攻广州起，到 1858 年 6 月 27 日《中法天津条约》的签订为止，历时 1 年零 8 个月。第二阶段从 1859 年英法联军进攻大沽口起，至 1860 年 10 月 25 日《北京条约》的订立止，历时 1 年零 3 个月。

一、战争的重起和《天津条约》的签订

　　第二次鸦片战争爆发的根本原因，是英国资产阶级企图用武装侵略进一步扩大对华输出，开拓中国市场，获取更多的利权。

　　1840 年，英国资产阶级发动了侵略中国的鸦片战争，强迫清政府签订了第一个不平等的条约——《南京条约》。条约的主要内容有：中国开放广州、福州、厦门、宁波、上海等五处为通商口岸；中国割让香港给英国；赔款 2100 万银元；英国商人应纳进出口货税，"均宜秉公议定则例"；废除"公行"制度，英国商人在通商口岸无论与何商贸易，"均听其便"。随后签订的《虎门条约》，英国又攫取了一些重要特权：领事裁判权；片面最惠国

待遇；居住及租地权。这些条约迫使中国既割地赔款和开放五个通商口岸，还容许了关税协定和领事裁判权，对中国国家主权造成了严重侵害，中国社会开始走上了半殖民地半封建化道路。但侵略者得陇望蜀，向外侵略的野心没有止境，他们叫嚣《南京条约》还不够，还要进一步侵略中国。清政府本以为《南京条约》可以"为一劳永逸杜绝后患之计"①。不料，侵略者正千方百计制造侵略口实，蓄意发动新一轮的侵华战争。

1856年10月，英国以"亚罗号事件"为借口，发动了第二次鸦片战争。10月23日，英舰闯入珠江，进攻沿岸炮台，点燃了战火。两广总督叶名琛竟下令，"不可放炮还击"②。英军长驱直入，攻入广州，进行焚掠。由于兵力不足，被迫于当晚撤出广州，退据虎门，等待援军。

"亚罗号事件"的消息传到伦敦，英国政府通过了对中国发动战争的提案，决定对华武装侵略。1857年3月，英国政府任命额尔金为全权公使，率领一支海陆军前来中国，同时建议法国政府共同行动。在此之前，法国正借口"马神甫事件"向中国交涉，进行勒索。对英国政府的提议，当即同意，派葛罗为全权公使，率军来华。

1857年7月和10月，额尔金和葛罗先后率军到达香港。11月，封锁珠江口，并照会叶名琛，要求修订条约，进入广州

---

① 《筹办夷务始末》（道光朝）（五），中华书局1979年版，第2276页。
② 中国史学会主编：《第二次鸦片战争》（一），上海人民出版社1978年版，第165页。

城，赔偿军费，限期十日答复，否则进攻广州。叶名琛对此予以驳复。他错误地估计了形势，认为侵略者虚张声势，故作恐吓之状，因而对战事未做必要的准备。形势日紧一日，僚属们"请调兵设防，不许；请招集团练，又不许"①。他只迷信神仙"乩语"。他家中建有"长春仙馆"，供奉吕洞宾、李太白"二仙"，一切军事问题都由请仙扶乩来决定。他相信乩仙的话："过十五日，必无事矣。"②12月底，英法联军攻入广州，广州将军穆克德讷、广州巡抚柏贵投降。叶名琛被俘，被解往印度加尔各答，1859年4月病死。

英法联军根据本国政府在出兵时的训令，要和北京直接打交道，以兵力威胁清政府就范，决定北上，进攻大沽。1858年4月，联军到达大沽口外，俄、美大使也率舰同来。5月20日，英法军队炮击大沽炮台，镇守清军英勇反击，但以谭廷襄为首的文武大员毫无斗志，竞相奔逃，大沽失陷。联军溯白河而上，26日侵入天津郊区，并扬言要进攻北京。清廷慌乱之中派大学士桂良、吏部尚书花沙纳为钦差大臣赴天津议和，被迫接受了侵略军的全部要求。6月13日、18日分别签订了中俄、中美《天津条约》。6月27日、28日分别签订了中英、中法《天津条约》。

《天津条约》的主要内容有：公使入驻北京；增开牛庄（后改营口）、登州（后改烟台）、台湾（后定为台南）、淡水、潮

① 中国史学会主编：《第二次鸦片战争》（一），上海人民出版社1978年版，第231页。
② 中国史学会主编：《第二次鸦片战争》（一），上海人民出版社1978年版，第231页。

州（后改汕头）、琼州、汉口、九江、南京、镇江为通商口岸；英、法等国人可往内地游历、通商、自由传教；外国商船可在长江各口岸往来；对英赔款400万两白银，对法赔款200万两白银。11月桂良等在上海又同英、法、美三国分别签订了《通商章程善后条约》，规定：鸦片贸易合法化；中国海关由英国人"帮办税务"；一般进出口货物，价值百抽五征税，洋货运销内地，按时价抽百分之二点五的子口税，免缴厘金和常关税。《天津条约》进一步破坏了中国的主权，加深了中国社会的半殖民地化。

二、两次大沽口之战和联军攻入北京

对《天津条约》中的许多条款，中外双方都感到不满意，因而事情并未就此了结。就清政府而言，公使入驻北京和外国人自由往内地游历，极大地损害了"天朝大国"的尊严和威信，他们甚至幻想以"全免关税"为代价来取消这些条款。就侵略者而言，仍然觉得"条约中有关商务的条款不能令人满意"，决心重新挑起战争，以攫取更多的特权。英国陆军大臣西德尼·郝贝特（Sidney Herbert）曾说过：天津条约是和平条约，但其每一条款都是新战争的祸根。[①] 再次爆发战争，乃是势所必然，正如马克思所预言的那样："从政治观点看来，这个条约不仅不能巩固和平，反而将使战争必然重起。"[②]

---

① 蒋孟引：《第二次鸦片战争》，生活·读书·新知三联书店2009年版，第140页。
② 《马克思恩格斯选集》第一卷，人民出版社2012年版，第826页。

1859 年 6 月，英国公使普鲁斯、法国公使布尔布隆、美国公使华若翰来华与清政府交换《天津条约》批准书。6 月 20 日，他们率领一支舰队抵达大沽口外。清政府指定他们由北塘登陆，经天津去北京换约，随员不得超过 20 人，并不准携带武器。对此，侵略者断然拒绝，并以武力威胁必须经大沽口溯白河进京，并限期撤大沽防务。

大沽一带防务，在《天津条约》签订后，清政府就委派科尔沁亲王僧格林沁整顿，重修炮台，并于海口敷设木筏、铁戗等障碍物。1859 年 6 月 24 日晚，英法联军突然闯入内河，炸断拦河大铁链，拔毁河上铁戗。25 日，又突然袭击大沽炮台。守台官兵奋起还击。经过一昼夜激战，击沉击伤敌舰多艘，英军伤亡近 500 人，英海军舰队司令何伯受伤，副司令被击毙。在美舰的帮助下，狼狈而逃。

英军战败的消息传到伦敦，英国资产阶级大肆叫嚣要对中国进行大规模的报复。伦敦《每日电讯》写道："大不列颠应该对中国海岸线全面进攻，打进京城，将皇帝逐出皇宫，取得物质上的保证，以免将来再受侵犯……无论如何总得采取恐怖手段，我们已经过分宽大了！……应该教训中国人尊重英国人，英国人高中国人一等，应该做他们的主人……"①

1860 年 2 月，额尔金和葛罗再度被任命为全权代表，率军队 2 万余人，船舰 200 余艘来华扩大侵略战争。4 月，联军占领舟山，

---

① 《马克思恩格斯选集》第一卷，人民出版社 2012 年版，第 827 页。

5月、6月占据大连、烟台，封锁渤海湾，7月底达到大沽口外。清政府在大沽获胜后，把主要精力放在镇压国内的太平天国革命上，对外与英法抱罢兵言和的议和态度，对战事未做充分准备。战争在即，咸丰帝还屡屡谕令僧格林沁、直隶总督恒福等"断不可衅自我开"[1]"总须以抚局为要"[2]。僧格林沁错误地命令清军专守大沽，尽弃北塘防务。俄国公使伊格纳切也夫随即向英法联军提供了北塘未设防的情报。

8月1日，英法联军在北塘登陆，占据北塘。12月，大举进攻新河、军粮城。14日，塘沽失陷。21日，大沽北岸炮台失守，乐善和守台官兵为国捐躯。僧格林沁驻守南岸炮台，表示要与炮台共存亡，咸丰帝谕令他放弃，说："天下根本，不在海口，实在京师。""万不可寄身命于炮台，切要！切要！以国家倚赖之身，与丑夷拼命，太不值矣！"[3]根据咸丰的旨意，僧格林沁弃炮台而走，大沽陷落。

大沽陷落后，清廷派桂良急赴天津议和。侵略者提出天津通商、索赔军费、带兵进京换约以及派巴夏礼先期进京查看房屋等无理要求。对此，咸丰帝一一驳斥，并严斥谈判大臣桂良，如果答应这些条件，即将他"立寘典刑，以饬纲纪，再与该夷决战"[4]。为速定和约，桂良不顾咸丰帝的训令，答应了侵略者的

---

① 《筹办夷务始末》（咸丰朝）（六），中华书局1979年版，第2031页。

② 《筹办夷务始末》（咸丰朝）（六），中华书局1979年版，第2053页。

③ 中国史学会主编：《第二次鸦片战争》（四），上海人民出版社1978年版，第469页。

④ 《筹办夷务始末》（咸丰朝）（六），中华书局1979年版，第2233页。

全部要求。但侵略者执意要攻入北京，又以桂良无全权大臣便宜行事谕旨为由，执意赴通州，并要求清廷另简全权大臣赴通州谈判。

9月初，联军大举进犯北京，京师震动。咸丰帝派怡亲王载垣、兵部尚书穆荫到通州议和。联军派巴夏礼议和。除公使面见皇帝必须跪拜外，清政府同意接受其他种种苛刻要求。不料节外生枝，9月18日英方代表巴夏礼提出换约时，"要见大皇帝亲递国书，立而不跪"①。载垣认为"此事关系国体，万难允许"②。并且，巴夏礼横蛮地要求载垣知照僧格林沁将张家湾大兵全部撤退，态度桀骜，并再次重申亲递国书的要求，声称："不递国书，即是中国不愿和好。"然后掉头不顾，骤马而去。载垣于是知照僧格林沁将以巴夏礼为首的英法议和人员拿获，押送圆明园，谈判破裂。

当天，英法联军进攻张家湾，清军大败，通州陷落。9月21日，清军与英法军队激战于八里桥，清军失败。联军直逼北京。9月22日，咸丰帝逃往热河，派恭亲王奕䜣为全权大臣与侵略者谈判。

经过张家湾和八里桥两次战斗的损耗，侵略军弹药告罄，必须等待天津的援军和军粮，因而暂停进攻北京。"逆夷自初七日接仗后，虽未进扑京城，而炮位云梯铅药搬运至通者，络绎不绝。"待补给充足后，到10月5日，便又开始进攻。10月5日，英法军

① 《翁同龢日记》第一册，陈义杰整理，中华书局2006年版，第69页。
② 《筹办夷务始末》（咸丰朝）（七），中华书局1979年版，第2315页。

队向德胜门、安定门一带侵扰。他们以为咸丰帝仍驻跸圆明园，遂以圆明园为进攻目标，直趋园庭。

第二节
圆明园的焚掠

众所周知，在第二次鸦片战争的最后阶段，举世闻名的圆明园首先遭到英法侵略者的共同抢掠，继而英国侵略者将之付之一炬。本节将重点对有关圆明园被焚掠的几个问题作探讨，即到底谁先抢掠了圆明园、英军焚毁圆明园的真实动机、"圆明园之火"与中外关系的转变等。

一、英法联军对圆明园的抢掠

1860年10月5日，联军占领了海淀，6日占领圆明园，管园大臣文丰投福海而死。第二天，英法官兵就开始了疯狂的抢劫。圆明园的这场浩劫，英法联军无疑是罪魁祸首。但是，到底谁先抢了圆明园？诸种记载至为混乱，有人认为是中国人，是海淀的满人和老百姓，有人认为是英法军队先抢，当地土匪和老百姓继而入园抢掠。

王闿运（1832—1916年）在《圆明园词》中有一句诗："敌

兵未爇雍门获，牧童已见骊山火 。"他自己作注解释道："夷人入京，遂至园宫。见陈设巨丽，相戒弗入，云恐以失物索偿也。乃夷人出，而贵族穷者倡率奸民，假夷为名，遂先纵火，夷人还而大掠矣。"[①] 圆明园遭劫时，他身在北京，任权臣户部尚书肃顺的幕僚，对时局应颇有了解，据他的见证，英法联军占领北京后，最先进入圆明园盗掠的，不是英法联军，而是土著，是海淀附近的穷人。虽然王闿运的《圆明园词》作于同治十年（1871年），距圆明园被劫仅十年，加之王当时入充幕僚的政治身份，但不能说他所记载都是真实的，王文中所说"贵族穷者"究系何人，"奸民"究又谁指，非常含糊。

徐树钧在为王闿运的《圆明园词》作序时也持这种看法。他认为，最先抢圆明园的，出于我国的奸人，联军不过见而从之。祸首在我，并非联军。他说："十九日[②]，夷人至圆明园宫门，管园大臣文丰，当门说止之，夷兵已去。文都统知奸民将起，环问守卫禁兵，无一在者，乃自索马还内，投福海死。奸人乘时纵火，入宫劫掠，夷人从之，各园皆火发，三昼夜不熄，非独我无官府诘问，夷帅亦不能知之。"[③]

王闿运的说法还被后来的学者多次引用，并信为故实。《花随

---

① 王闿运：《圆明园词》，见王道成主编：《圆明园——历史·现状·论争》，北京出版社1999年版，第1128页。

② 徐树钧的记载在时间上有错误。实际上，联军占领圆明园的时间是10月6日（阴历八月二十二日），而不是阴历八月十九日。

③ 徐树钧：《圆明园词序》，见王道成主编：《圆明园——历史·现状·论争》，北京出版社1999年版，第1121页。

人圣庵摭忆》的作者黄濬（1890—1937 年）写到这段疑案时，也同意王闿运的说法，说"是焚略圆明之祸首，非英法联军，乃为海淀一带之穷旗人"，并称"此说大致不谬"。[①]

陈文波对王闿运的说法也深信不疑，他说"吾以王氏之说较有根据"。陈还曾为此事于民国十五年（1926 年）访问当年当差于海晏堂的陆纯元（民国十五年陆老人 77 岁），并以陆的话来佐证王闿运和自己的观点，"比闻上（老人称文宗为咸丰爷而统称皇上）既往热河，自八月中秋之后，园内恐慌，往往彻夜出入，管园大臣亦不能统辖。及二十二日夜，英法兵即入园大掠。其实，当地人已先纵火焚掠，于是洋人继之，掠之所至，焚及随之，至为惨淡。自二十二至二十五，凡焚掠四日乃已。余一日坐石狮下，忆有一洋人摩弄余头，鸟语亦不解，迳往各处自取金玉陈设而去。当时无人敢问，而掠者亦毫无畏惧"[②]。笔者认为陆纯元的话尚不足为据。1926 年，陆纯元 77 岁，也就是说他生于 1849 年，咸丰十年（1860 年）圆明园被劫时，作为一个 11 岁少不更事的儿童，他的记忆能有多少确信之处，值得怀疑。并且，当时园中大乱，人心惶恐，11 岁的陆纯元镇定地坐于石狮下，不恐惧，也不拿取小件陈设物品，而是任洋人抚摩其头，令人难以置信。

笔者认为，较为可信的是公牍、京朝函件和当时在都人士的记载。参阅这些材料可知，最先抢掠的是英法联军。八月二十二日

① 黄濬：《花随人圣庵摭忆》，上海古籍出版社 1983 年版，第 12 页。
② 陈文波：《圆明园残毁考》，见王道成主编：《圆明园——历史·现状·论争》，北京出版社 1999 年版，第 1135 页。

（10月6日）傍晚联军占据圆明园，第二天，就开始了大规模的抢劫，持续了三天，直到八月二十五日（10月9日），联军暂时撤出圆明园。在此之前，圆明园作为皇家禁地，重兵把守，当地土匪和村民不可能先于侵略者入内抢劫，只是在英法军队占据园庭并大肆抢掠退出后，守兵散逃，一片混乱，土匪和附近的村民才得以浑水摸鱼，捞取遗散物品。

恭亲王奕䜣阴历八月二十九日（10月13日）的奏折对此有记载："嗣因夷兵退出，旋有匪徒乘势聚众抢掠，似此情形，令人切齿痛恨！无从措手。现已飞咨绵勋派兵一千名，屯扎圆明园剿办土匪，以安人心。"① 可见，英法大掠后，圆明园处于几乎无人守卫的状态，所以才有大批的土匪进入抢掠。

当时，鲍源深入直圆明园，协助恭亲王奕䜣办理抚局。他在《补竹轩文集》中记述道："二十四日（10月8日）闻夷人已退，乘车回园寓一顾，则寓中窗槅已去，什物皆空，书籍字帖抛散满地……至大宫门，则闲人出入无禁，附近村民携取珍玩文绮，纷纷出入不定，路傍书籍字画破碎抛弃者甚多，不忍寓目。"② 作为入直大臣，他记述联军抢劫后退出圆明园的时间为八月二十四日，是可信的。

李慈铭在八月二十日（10月4日）的日记中也写道："城外劫盗四起，只身敝衣，悉被掠夺。又闻有持园中断烂物进城者，

---

① 《筹办夷务始末》（咸丰朝）（七），中华书局1979年版，第2423页。
② 中国史学会主编：《第二次鸦片战争》（二），上海人民出版社1978年版，第113页。

铜龙半爪，金兽一镮，俱相传视玩弄。"[1]可知，八月二十四日，英法军队退出圆明园后，城外西郊几成无人管辖区，盗贼遍地，土匪和附近村民利用这种失控局势，入园抢劫。之后，这种抢劫行动达到了高潮。

八月二十七日（10月11日），李慈铭继续写道："闻圆明园为夷人劫掠后，奸民乘之，攘敛余物，至挽车以运之，上方珍秘，散无孑遗。前日夷人退，守兵稍敢出御，擒获数人，诛之。城中又搜得三人，一怀翡翠碗一枚，上饰以宝石；一挟玉如意一枋，上有字一行，为子臣永珣恭进，乃成哲亲王献纯庙者；其一至挟成皇帝御容一轴，尤可骇叹。"[2]联系前面奕䜣八月二十九日（10月13日）奏请派绵勋到圆明园剿匪的奏折，可知李慈铭的记载是可信的。从八月二十四日到八月二十九日联军退出后的这几天内，遭英法大掠后的圆明园已无人守卫，一片混乱，土匪、村民乘虚而入，大肆抢掠剩余物件。

当然，对这种"夷人先之，土匪继之"[3]的抢掠情形，最权威的记述莫过于参与抢劫的当事人——英法联军将士的回忆录。对他们最先在圆明园开抢的行为，他们当作一种荣耀而大肆宣扬。

据法军目击者高第尔的回忆，法军10月6日追赶清军，晚上7点进入圆明园，"是日，孟多邦将军，遵英军格兰特将军之约，

---

[1] 中国史学会主编：《第二次鸦片战争》（二），上海人民出版社1978年版，第124页。
[2] 中国史学会主编：《第二次鸦片战争》（二），上海人民出版社1978年版，第126页。
[3] 中国史学会主编：《第二次鸦片战争》（二），上海人民出版社1978年版，第12页。

进兵圆明园。绕英军之后而进，成一弧形。七时抵园，军曹长比挪（M. de Pine）先入，与守军交接，声闻于外，孟多邦将军乃入据园中第一院"。可见，在出入贤良门时，他们还遭到了技勇太监的英勇抗击。[1] 法军"……达到行宫大门。约有二十名宫监，所佩带的武器破旧不整，假装抵抗的样子，很迅速的就被处置完了"[2]。这些材料也证明土匪和村民要先行进入园内抢劫并非易事。法军在入园后，就开始了小掠，但不敢明目张胆，"法军走到避暑行宫的第一天，一切事件均平稳妥当。军士们仅拿走一些小物品，作为纪念此地的资料"[3]。

至于英军则是在第二天（10月7日）上午11点才到达圆明园，"英将格兰特失道，屯于城北。翌日孟多邦将军派人告知，且促其至。英使额尔金爵士及英帅格兰特将军，乃于十月七日上午十一时到圆明园"[4]。

刚开始，侵略军还没有大肆抢掠。到10月7日，法国军队再也抵挡不住物品的诱惑，大肆掠夺。英国军医瑞尼（D.F.Rennie）

---

[1] 1983年夏天，在清华大学教工住宅楼建筑工地挖出一块石碑，是圆明园技勇八品首领任亮（字明亭）的墓碑。碑文记述了咸丰十年八月二十二日（即公元1860年10月6日）任亮在圆明园"出入贤良门"抵抗入侵敌军以身殉职的英勇事迹。这块墓碑上所记载的时间、地点（进入大宫门后即为二宫门——"出入贤良门"）以及人物的身份与侵略军描述相符。
碑文的具体内容为："咸丰十年八月二十二日，明亭公在出入贤良门内，遇敌人接仗，殉难身故。技勇三学公中之人念其平生正直，当差谨慎，又遇此大节，实堪景慕。因建立碑文，记其名氏，以期永垂不朽云。勇哉明亭，遇难不恐。念食厚禄，必要作忠。奋力直前，寡弗敌众。殉难自故，忠勇可风。咸丰辛酉四月，河间王云翔撰并书。技勇三学公立。"

[2] 中国史学会主编：《第二次鸦片战争》（二），上海人民出版社1978年版，第430页。

[3] 欧阳采薇译：《西书中关于焚毁圆明园纪事》，见《国立北平图书馆馆刊》第七卷第三、四号，第83页。

[4] 欧阳采薇译：《西书中关于焚毁圆明园纪事》，见《国立北平图书馆馆刊》第七卷第三、四号，第100页。

记载："次日事情就大大的不同了——他们不再能抵抗物品的诱惑力，军官和士卒们，都成群打伙，冲上前去抢劫——纪律毫无。"[1]

在抢劫之初，英军纪律尚属严明，没有参与抢劫，这种情况仅在英军部队刚刚到达的初期。后来，英国方面看见法国人肆无忌惮地掳掠，闹到上面，才有联军司令下令开禁抢劫。于是从 10 月 7 日到 9 日，开始了一场大劫掠。

在英法军队大肆抢劫的时候，不否认有中国人混迹其中获取物品，但并不是在此之前中国人就开始了抢劫。英军随军牧师 R.J.L.M'Ghee 说："虽然我遇见好几十个中国人，从行宫的几间外屋内，负走许多抢劫的物品（布匹和瓷器占大多数）。"[2] 这种记述使外界看起来是中国人先抢烧圆明园。其实，英法军队早已在园内大肆抢掠，有组织地分赃、拍卖圆明园财物，只不过不为外界所知。情况应是这样：英法联军是先抢圆明园的有组织的江洋大盗，而海淀的土匪、百姓是抢劫中和劫后浑水摸鱼散乱的细贼，他们掠取的只不过是布匹和瓷器等粗重劫余物品罢了。

10 月 7 日，英法侵略军头目在圆明园开了一个分赃会议，最后决定两方各派委员 3 人，商议瓜分园中的宝物。他们决定把园中的物品分成两类：一为贵重宝物，择其贵重者，进献英王维多利亚女王和法皇拿破仑三世，"余悉计值均分"，还决定"合意适情的物件，作为两国军队的奖品。当他们选择完毕，其余的物

---

① 欧阳采薇译：《西书中关于焚毁圆明园纪事》，见《国立北平图书馆刊》第七卷第三、四号，第 83 页。
② 中国史学会主编：《第二次鸦片战争》（二），上海人民出版社 1978 年版，第 412 页。

件，可以归掳获者据为私有"①。开过分赃会议后，"联军司令部正式下令可以自由劫掠"。10月7日下午，开始了一场骇人听闻的大浩劫。

英法侵略军的军官和士兵成群结队涌入圆明园，像恶狼一样吞噬着园中的金银财宝和精美艺术品，他们"大肆劫掠，无论何人皆可进园。全园秩序最乱，而各处殿宇，已焚毁不堪矣。时法营即在园前，法人则手持木棍，遇珍贵可携带者则攫而争夺之；遇珍贵之大件不可携者，若铜器、瓷器、楠木等则棒击之，必至齑粉而后快"②。

据英法军队的随军牧师和记者们的描述，英国人、法国人、军官、士兵为了抢夺财宝，手忙脚乱，纷纭万状。英国陆军军官郝利思说："圆明园内可抢的东西太多了，因为那里的东西完全没有撤走，只留下一些宦官保护着，在我们的军队逼近时，他们大声喊着：'不要触犯圣物！'便逃跑了。"③英军统帅格兰特的翻译斯温霍目击了劫掠的暴行，"军官和士兵，英国人和法国人，以一种不体面的举止横冲直闯，每一个人都渴望抢到点值钱的东西。多数法国人都拿着巨大的棍棒为武器，遇到不能挪动的东西，就捣个粉碎。在一间屋子里，你可以看到好几个各种等级的军官

① 欧阳采薇译：《西书中关于焚毁圆明园纪事》，见《国立北平图书馆刊》第七卷第三、四号，第72页。
② 陈文波：《圆明园残毁考》，见王道成主编：《圆明园——历史·现状·论争》，北京出版社1999年版，第1138页。
③ 王崇武译：《英帝国主义者抢劫圆明园文物罪行录》，《文物参考资料》1953年第1期。

和士兵钻到一个箱柜里，头碰头，手撞手，在搜寻和强夺里面的物品。另一间屋里，一大群人正争先恐后地仔细检查一堆华美的龙袍。有的人在对着大镜子玩弄掷钱的游戏，另外的则对着枝形吊灯搞掷棒打靶来取乐。尊重身份的事情已经完全看不到，占优势的是彻头彻尾的混乱状态"①。法军翻译官德里松在《翻译官手记》中描绘英法侵略军抢劫圆明园的情景时说："这一大群各种肤色、各种式样的人，这一大帮地球上各式人种的代表，他们全都闹哄哄地，蜂拥而上，扑向这一堆无价之宝。他们用各种语言呼喊着，争先恐后，相互扭打，跌跌撞撞，摔倒又爬起，赌咒着，辱骂着，叫喊着，各自都带走了自己的战利品。初看起来，真像是一个被人踏翻了的蚂蚁窝，那些受惊了的好干活的黑色小动物都带着谷粒、蛹虫、蛋或口含着麦秆向四面八方跑去。"②

法国侵略军是最先闯入园内的，"不断在出出进进，进去的空着两手，出来的满载着抢劫到的各式各样东西"③。经过这次抢劫，每一个法国士兵的口袋里都有了价值2万、3万、4万甚至100万法郎的珍宝。法军总司令孟托邦的儿子掠得的财宝可值30万法郎，装满了好几马车。法国军营里堆满了各种各样的钟表、华丽精美的织锦绸缎和琳琅满目的珍贵艺术品。据法国公使葛罗供认，这些珍宝总价值至少达到3000万法郎。

---

① 中国史学会主编：《第二次鸦片战争》（六），上海人民出版社1978年版，第349页。
② 中国史学会主编：《第二次鸦片战争》（六），上海人民出版社1978年版，第359页。
③ 中国史学会主编：《第二次鸦片战争》（六），上海人民出版社1978年版，第356页。

英国人本来对法国先动手抢劫极为不满，因此大规模的劫掠开始后，英军统帅格兰特下令，军官可以分批入园抢掠，上午去一半，下午去一半。可见，英军方面的是较有组织的劫掠。英国在掠得大量珍宝后，甚至把当地老百姓抓来，作为苦力搬运大件古董。英国军官郝利思一次从园内窃走金佛塔两座和大量的珍宝，找了7个民夫才替他搬回军营。此人因在圆明园劫掠致富，享用终身，得了个绰号"中国詹姆"。后来他还恬不知耻地以此绰号作为他回忆录的书名，并洋洋得意地描述他参加抢掠圆明园的情形。

由于每个人抢到的东西多少不均，引起士兵们的不满，英军司令格兰特为了缓和矛盾，干脆下令凡是抢劫的东西，立即送到"战利品"管理处，进行公开拍卖，所得的钱款归全军分赃，实际就是公开分赃。格兰特不便参与分赃，"军官们赠送他一把雕满花纹的赤金酒壶，这是赃品中最精致的东西"①。英国女王得到两个美丽的大珐琅瓶和一个灿烂的碧玉碗。法军司令孟托邦抢到两块黄金和碧玉制作的朝笏，其中一块交格兰特转交英国女王，一块献给法皇拿破仑三世。回国后，孟托邦又献给皇帝很多宝物。拿破仑三世于是在枫丹白露另建中国馆，以储藏从圆明园中劫来的珍宝。这样，英法侵略者从国家元首、军队统帅到军官、士兵，每人都分到了一份赃物。

10月9日法国军队暂时撤离圆明园时，园内的宝物被洗劫一空，这处秀丽的皇家园林已被破坏得满目疮痍。

---

① 中国史学会主编：《第二次鸦片战争》（六），上海人民出版社1978年版，第352页。

二、英军焚毁圆明园

最先报告圆明园初次被焚的是留在北京的总管内务府大臣、户部右侍郎宝鋆，他在阴历八月二十八日（10月12日）给逃到承德的咸丰帝的一份奏折中说：

> 八月初八日，皇上銮舆起行后，总管内务府大臣文丰、明善，遵旨照料圆明园，奴才当即进城，筹划拨解行在饷需，办理防守等事。讵意八月二十一日夷匪逼近京城，九门戒严，奴才随同总统巡守大臣等，昼夜在城防护。二十二日夜间，遥见西北火光烛天，奴才等不胜惊骇，惟时当深夜，恐其乘势攻城，不敢开门往探。至二十三日，惊闻二十二日酉刻夷匪闯入圆明园，奴才等闻信之下，曷胜愤恨。旋于二十五日夷匪由园退回，当即委派司员前往探听。随据秉称"园内殿座，焚烧数处，常嫔业经因惊溢逝，总管内务府大臣文丰投入福海殉难"等语。至总管内务府大臣明善及管理园庭司员等，均尚不知下落，现仍派员查访。[①]

据宝鋆的这个奏折，英法联军首次焚毁圆明园是在咸丰十年八月二十二日夜间，为公元1860年10月6日。这个时间与侵略者自己所述占领圆明园的时间相同，"一八六零年十月六日，取

---

① 中国史学会主编：《第二次鸦片战争》（二），上海人民出版社1978年版，第148页。

圆明园，法军先入"①。法军司令部秘书在日记中记道："这一天（十月七日）的火已经烧毁了若干宫殿。"这就是宝鋆所说的西北火光烛天这件事。但如果只是"园内殿宇，焚烧数处"，还不至于令火势"烛天"，在城内都能"遥见"。这应该是英法军队达到海淀后焚烧附近街市所致，随后占据圆明园，又纵火焚烧了圆明园中的部分建筑。

军机大臣文祥的奏报证实了这一点，"迨二十四日将夷酋巴夏里等释回，该夷始将园庭夷兵全行退散，奴才麟魁、庆英，当即派员前往查看，据称圆明园大宫门外朝房，及辖哈木多被焚烧，并海淀一带铺户居民房间，亦多烧毁"②。英法军队在没有开始大规模的抢劫之前，不可能对圆明园进行大面积的焚烧。所以，这次焚烧的区域仅限于大宫门外朝房一带，全园主体建筑完好，当时并未完全遭劫。

在抢掠了圆明园后，侵略者随即又转向清漪园、静明园等处掠夺焚烧。宝鋆在另一个奏折中报告说："二十三日，夷人二百余名，并土匪不计其数，闯入清漪园东宫门，将各殿陈设抢掠，大件多有伤损，小件尽行抢去，并本处印信，一并遗失。二十四日，夷人陆续闯入静明园宫门，将各殿陈设抢掠，大件伤损，小件多经抢去。其静宜园，夷人并未前往，各殿陈设，照旧封锁。"③

① 中国史学会主编：《第二次鸦片战争》（二），上海人民出版社 1978 年版，第 443 页。
② 中国史学会主编：《第二次鸦片战争》（五），上海人民出版社 1978 年版，第 170 页。
③ 中国史学会主编：《第二次鸦片战争》（二），上海人民出版社 1978 年版，第 150 页。

看到这些报告圆明园被毁的奏折后，咸丰帝在宝鋆的奏折上批示，对其大加斥责："汝系内务府大臣，非他人可比，即使不能在园料理，出城一往，有何不可？乃竟置之不顾，尚有人心耶？"[1]又在另一个奏折上批示，叱骂宝鋆道："文明著革职留任。宝鋆只知顾一己之命，前于御园被毁，既不前往，今于专管之三山，亦被抢掠，又不前往，不知具何肺肠？实我满洲中之弃物也。"[2]

以上是圆明园首次遭到小规模焚烧的经过。在对圆明园大肆抢劫后，英国侵略者以通州谈判被俘人员遭到虐待为由，悍然下令彻底焚毁圆明园。

命令发出后，米启尔（Johe Michel）中将率领一个师和骑兵的大部分约 3500 人于 10 月 18 日开赴圆明园放火，将其中的建筑物一齐纵火焚烧。这场大火持续了两天两夜，"这些遭劫的避暑行宫，火光熊熊地烧着，仿佛一张幔子，罩着当日的行幸处所，并且随着大风，烟雾吹过联军驻扎的营盘，蜿蜿蜒蜒，到了北京。黑云压城，日光掩没，看起来，仿佛像一个长期的日蚀"[3]。

英军随军牧师 R.J.L.M'Ghee 对焚园的情形有如下的描述：

不久，这一缕一缕的烟，聚成一团一团的烟，又集合为弥天乌黑的一大团，万万千千的火焰，往外爆发出来，烟青

---

① 中国史学会主编：《第二次鸦片战争》（二），上海人民出版社 1978 年版，第 149 页。
② 中国史学会主编：《第二次鸦片战争》（二），上海人民出版社 1978 年版，第 151 页。
③ 中国史学会主编：《第二次鸦片战争》（二），上海人民出版社 1978 年版，第 404 页。

162

云黑，亏蔽天日。所有庙宇、宫殿、古远建筑，轮奂辉煌，举国仰为神圣庄严之物，和其中历代收藏，富有皇家风味、精美华丽、足资纪念的物品，都一齐付之一炬，化为劫灰了。……所焚烧的区域，宽阔而且遥远，现在所仅存的，就是上文已经描摹过的，自那座正大光明殿，以迄大门中间，所有建筑尚屹然存在，未付焚如。因为军队们驻扎其中，故迟迟有待。时已三钟，我们应须整队，开回北京，乃发布命令，一并焚毁。刹那之间，就找到了燃烧的材料，有几个手脚伶俐的来福枪队士兵，立刻动手放火，将这座正大光明殿，熊熊的燃烧起来。庄严华贵之区，且曾为高贵朝觐之殿，经此吞灭一切的火焰，都化为云烟了。屋顶在火焰中已经燃烧了一些时候，不久就要倒塌，一百码外，就可以感觉到那种炎热，扑通的响，震心骇目，屋顶倒塌下来了。于是园门和那些小屋，也一个不留，一间不留，这所算做世界最宏伟美丽的宫殿的圆明园，绝不存留下一点痕迹。至是我们已经完毕这件大工作，便再回到北京去。[①]

这场浩劫的目击者斯霍温在回忆录中说：

不久，浓烟直冒，渐渐冲向天空，表明这件工作已经开始了。当白天慢慢过去，烟雾逐渐加大，并且越来越浓密，

---

① 中国史学会主编：《第二次鸦片战争》（二），上海人民出版社1978年版，第418—419页。

飘飘荡荡，仿佛一片大的云彩，罩盖北京；并且又像一个可怕的大风雨，将要来临。当我们走近行宫的时候，火声劈啪劈啪的响着，很足使人震惊，并且穿过了一重重的烟雾，太阳照耀中天，使一切花草树木，都带了一种憔悴的病色。殷红的火焰，映在从事放火的军队们的面庞上，使他们看起来，仿佛恶魔一样。[①]

经过英军两昼夜疯狂地纵火，圆明园——人类文明史上的宝贵财富就被侵略者付之一炬。圆明园的被焚给清最高统治者咸丰帝以致命的打击，他阅看恭亲王奕䜣报告圆明园被彻底焚毁的奏折后，悲愤至于咯血，一病不起，于第二年（1861年）七月十七日崩逝于热河避暑山庄。

与此同时，侵略者又纵火焚毁了畅春园、清漪园、静明园、静宜园。清代西郊"三山五园"变为废墟。

英法军队抢劫和英军焚毁圆明园的暴行，遭到了世界进步舆论的谴责。法国伟大文学家维克多·雨果，在1861年11月25日（咸丰十一年十月二十三日）回复巴特雷上尉的信中，愤怒地斥责了这种罪恶行径。巴特雷是这次随联军侵略中国的一名法军上尉，参与了劫掠圆明园。在他看来，"这次在维多利亚女王和拿破仑皇帝旗号下进行的远征中国的行动，是法兰西和英格兰共享之荣耀"，认为干得"体面而漂亮"。回国后，他写信给雨果，

---

① 中国史学会主编：《第二次鸦片战争》（二），上海人民出版社1978年版，第425页。

征询他对所谓"远征中国"的看法，本想得到一些褒奖之辞，没想到，从雨果那里得到的却是愤怒的抗议和痛斥，"一天，两个强盗走进了圆明园，一个抢掠，一个放火。可以说，胜利是偷盗者的胜利，两个胜利者一起彻底毁灭了圆明园"，"这两个胜利者一个装满了口袋，另一个装满了钱柜，然后勾肩搭臂，眉开眼笑地回到了欧洲。这就是两个强盗的故事"，"在历史面前，这两个强盗分别叫作法兰西和英格兰"。[①]

英国侵略者为什么要焚毁这座宏伟壮丽的皇家苑囿？对这个问题，学术界还没有一致看法。总括起来，有掩盖劫掠罪行说、报复清政府虐待俘虏说、逼迫清政府速定和约说三种意见。

我国大部分学者认为，为了掩盖洗劫圆明园的罪行，英军想出了放火毁园的毒计。需要指出的是，这一观点是建立在以下推理之上的：因为想掩盖劫掠罪行，所以将园子焚毁。仔细分析可知，先劫后焚只是一种时间先后关系，并不存在逻辑上的因果关系。况且，英法侵略者并不想掩饰他们的罪行，在他们看来，战胜者对被占领者的财物进行占有、瓜分、处置，甚至毁灭，并不是一件不光彩的事，反而是一种荣耀。法国公使葛罗公开宣称："联军占领行宫之举，乃其分内所有之事，两军交战，克其地则享有之，亦战时公法所许也。"[②]1863年，法国皇帝拿破仑三世在枫丹白露另建中国馆，以收藏和展览从圆明园中劫来的大量珍贵文物。

---

① 维克多·雨果：《致巴特雷上尉的信》，《光明日报》1995年1月15日第2版。
② 中国史学会主编：《第二次鸦片战争》（二），上海人民出版社1978年版，第453页。

英军将所掠财物就地进行公开拍卖。因此，把侵略者焚园的动机归于掩盖劫掠罪行是站不住脚的。

还有一部分学者认为，侵略者焚毁圆明园，"是为了迫使清廷就范，以攫取在华特权的政治阴谋"[①]。虽然这些学者提出了自己的观点，但没有展开论述，所以缺乏说服力。这个观点还需要进一步论证。

也有一些学者认为英军焚毁圆明园是为了报复被俘人员在园中遭受虐待。

焚毁圆明园的主张，由英国公使额尔金和英军统帅格兰特提出。额尔金多次狡辩焚园是为了报复清政府，因为被俘英法人员，"即在此园内遇害极惨"，"非如此，则侨民之仇未报，予之良心不安也。且此举将使中国与欧洲愯然震惊，其效远非万里外之人所能想象者。中国皇帝亦将因此举而减其骄傲之心也"[②]。因此，他给恭亲王奕䜣的回函态度极为骄横，根本没有商量的余地："圆明园者，英法侨民，所痛心疾首惨刑而死之地也，誓必毁为平地。"[③]格兰特所述毁园理由大致与额尔金相同。他说："一，被俘之英法人，手足拘缚三日，不给饮食，如此暴行，即在圆明园中为之。二，中国违犯国际公法，如不重加惩罚，以表示吾人之愤怒，则英国国民必不满意。"[④]总之，焚毁清帝所最宠爱的行

① 侯仁之、金涛：《北京史话》，上海人民出版社1980年版，第157页。
② 中国史学会主编：《第二次鸦片战争》（二），上海人民出版社1978年版，第459页。
③ 舒牧等编：《圆明园资料集》，书目文献出版社1984年版，第141页。
④ 中国史学会主编：《第二次鸦片战争》（二），上海人民出版社1978年版，第456页。

宫，"对清帝加以严厉的责罚，并且留些报复的痕迹才成"①。这就是英国方面毁园的理由。

被俘人员是否如侵略者所言在圆明园内遭到"手足拘缚三日，不给饮食"的虐待，并"遇害极惨"？对这个问题的回答是戳穿"报复说"的关键。因此，必须以史实来回答。

当时，鲍源深入直圆明园，协助恭亲王奕䜣办理抚局。他在《补竹轩文集》中对俘虏之事曾有记载："初四日戌刻，怡邸（指怡亲王载垣）解夷酋巴夏里等二十余人（注：在通州共有 39 人被俘）到圆明园，交提督府下处派兵看守一夜，兵丁凌虐之。次日，入直与惇、恭、醇诸王言及。"②再看看当时刑部尚书赵光在其《自定年谱》中的记述："自（八月）初五日怡王将英夷巴嘎哩诓拏，奏交刑部，锁铐收禁，并该酋手下十余人亦皆锁禁南北两监。"③将两者的叙述联系起来看可知，八月初四（9 月 18 日），巴夏礼等人在通州被拿获后，押赴圆明园，只有当晚关押于圆明园，第二天被送进刑部南所、北所两监。还有被俘人员直接由通州送押密云、昌平等县监狱，根本不可能出现在圆明园中"不给饮食"的情况。所以，英军司令格兰特致英国政府函件中所言"被俘之英法人，手足拘缚三日，不给饮食，如此暴行，即在圆明园中为之"，纯粹是谎言。初四日晚，兵丁对俘虏进行过凌虐，但

① 中国史学会主编：《第二次鸦片战争》（二），上海人民出版社 1978 年版，第 393 页。
② 中国史学会主编：《第二次鸦片战争》（二），上海人民出版社 1978 年版，第 112 页。
③ 《赵文恪公自定年谱》，光绪十六年刊本。

并未致死。同时，兵丁的这种行为对交战双方都是可以理解的，士兵们不可能对被俘的侵略者采取温良恭让的态度。

那么以巴夏礼为首的俘虏在刑部监狱中的待遇又如何呢？还是来看看赵光的记载：

初六日，予偕瑞芝生、灵香生同至南北所查看。盖以外国人收禁，为本朝从来未有之事也。巴酋向予与芝生、香生言："各位大人，容我一言否？"予曰："尔何言？"巴酋云："我本奉我国将令来议和，大局未定，何以遽将我诓挈锁铐收禁？我有何罪，是何道理？"芝生云："尔罪恶贯盈，天道不容。"香生云："尔害我中国，其罪甚大，尚复何说。"巴酋怒言："若论天道，我之生死自有天命，若天命不该死，恐中国亦不能令我死也。"伊哓哓舌辩，予因向巴囚云："……我三人乃刑部堂官，前来阅视，并非承审研讯，尔无须多言，但静以俟之，亦决不令官人凌虐汝。惟刑具乃奉旨锁禁，未敢开释。"因饬提牢司狱各官，令官役禁卒小心防守，不可凌虐为要。巴夏礼因刑部监狱伙食粗劣，在入狱第二天就开始绝食。赵光还亲自出面安排巴夏礼的饮食，初六日提牢满汉司官来禀："巴酋不食，意欲求死。"予谓："此人关系甚重，尔等须再三婉言劝慰，待以好饮食，不可以常犯视之。伊若肯食，不妨以鱼肉鸡羊等物待之，若无费，即传予言，令饭银处先提银五十两，交尔开销可也。"①

可见，在刑部监狱中，巴夏礼不但没有被虐待，反而受到了优待。八月初八日（9月22日），刑部上奏朝廷的奏折中，也证实了此事。"刑部奏：'窃臣部于本月初四五等日，收禁解到夷匪九名，内巴夏礼一名，收禁北监第三所。缘该夷系夷囚要犯，饬令官人严加防范，并饬提牢厅早晚饮食，均令其适意，不可稍加凌辱。讵该夷自收禁以后，桀骜不驯，骄悍成性，辄敢在监与官人等生气，不肯饮食。于初六日晚间，忽患腹痛之疾，即赶紧饬传官医生，诊脉用药，伊并不令诊视，亦不肯服药。现将该夷妥置另住房间，以免众囚犯与之答话滋事，并加意开导，始饮食米粥如常。'"②八月十八日（10月2日），巴夏礼等被俘人员被送至德胜门内高庙安置，临出监狱前，巴夏礼还"向提牢摘帽申谢不已"③。

从上可知，被俘人员并未在圆明园内遇害致死，巴夏礼在刑部监狱中还受到特别优待。至于后来释放俘虏时，只有20人生还，其中原因复杂，有待进一步考证。

此外，英国公使额尔金于九月初三日（10月16日，英军纵火焚园的前两天）给清政府照会中的一段话，值得注意。"据查，

---

① 《赵文恪公自定年谱》，光绪十六年刊本。

② 《筹办夷务始末》（咸丰朝）（七），中华书局1979年版，第2354—2355页。

③ 《赵文恪公自定年谱》，光绪十六年刊本。

园庭似为两国人数名受各等暴虐之处，内各殿亭尚有未经全坏之区，立必拆清（注：后为'焚烧'），此节我大将军克（注：指英军统帅格兰特）刻当设法自办，贵亲王可毋庸与闻。"[①]尤其是"似为"两字，大可深味。实际上，被俘人员在八月二十四日就已释放，是否有人员在圆明园内遭受虐待并遇害，额尔金从他们口中早已确知。而在两国政府间正式的外交公函中，额尔金却含糊其词，可见其捏造事实之居心。

既然侵略者焚园的真正目的不是处置几个被俘人员，那么他们真实的动机是什么呢？他们的真实目的就是逼迫清政府答应他们的种种要求，速订和约。但清政府对侵略者的态度是既疑惧又强硬，侵略者总是无法如愿以偿。

如前所述，天津谈判时清政府的态度相当强硬。通州谈判时，在大兵压境的形势下，清政府敢于扣压来使，再次说明了清廷对侵略者没有俯首帖耳。直到10月6日联军占领圆明园，并开始疯狂抢掠的情势下，清政府的强硬态度才有所缓和。10月8日，奕䜣被迫释放了巴夏礼等人，并答应了侵略者占据安定门的无理要求。10月17日，清政府又答应他们增加的各项要求，并同意换约。但和谈代表恭亲王奕䜣因为畏惧而迟迟不敢露面，更不用说尽早换约。而寒冷的冬季即将来临，侵略者必须在11月1日之前撤离北京。这是侵略者不能容忍的。他们得想办法逼迫奕䜣露面，并消除他以为联军意欲颠覆清政府的疑虑，以速订和约而撤军。

① 故宫博物院文献馆：《文献丛编》第二十三辑，民国二十四年二月。

早在发动战争之前，英法两国政府就有必须在 11 月 1 日之前撤离北京、避免冬季作战天气严寒和补给困难的训令。英国陆军大臣西德尼·郝伯特在致格兰特的信函中说："很清楚，我们不能在那儿过冬，而且我们必须紧接在达到之后立即离开。"[①] 英国首相巴麦尊也训令额尔金："我们的意见认为，在一个国家里，它的气候不允许欧洲人的军事行动超过三个月的时间。"[②] 英外相罗素也致函额尔金："冬季任联军部队继续停留在北京或是甚而天津，是不适当的，有必要让他们大概在十月返回北直隶湾。"[③] 法军统帅孟托邦对于联军将要在冬日作战的情况十分担心："严寒即将来临，我所得到的全部情报均不允许我们在十一月一日后仍停留在城前。朝天津撤退则会导致精神上的恶果，中国政府立刻会把撤退的原因均说成于己有利。"[④]

为达到尽早撤军的目的，额尔金和格兰特便想出了焚烧圆明园来威逼清政府就范的毒计。法国公使葛罗、法军统帅孟托邦表示反对。法国愿意抢劫，不愿纵火焚毁。葛罗致信额尔金说："至于焚毁圆明园，此说予殊厌闻予不愿与恭王言之。"[⑤] 葛罗认为，圆明园为清帝行幸的离宫，并未设防，也不是敌占区，焚毁它属于无益的报复。并且，法国担心这样做会"颠覆清廷，而

① 中国史学会主编：《第二次鸦片战争》（六），上海人民出版社 1978 年版，第 250 页。
② 中国史学会主编：《第二次鸦片战争》（六），上海人民出版社 1978 年版，第 251 页。
③ 中国史学会主编：《第二次鸦片战争》（六），上海人民出版社 1978 年版，第 256 页。
④ 中国史学会主编：《第二次鸦片战争》（六），上海人民出版社 1978 年版，第 296 页。
⑤ 中国史学会主编：《第二次鸦片战争》（二），上海人民出版社 1978 年版，第 453 页。

帮助太平军"①。所以，葛罗建议焚毁北京城内的宫殿，劫取其文物典籍。他认为，这种办法在逼迫清政府速订和约方面的效果会更好。同时，他还担心圆明园的这场大火会把恭亲王吓跑，和议无人，因为恭亲王是"我们当前留下的最后一点希望了"。所以他迫不及待地秘密写信给俄国公使伊格纳切也夫，陈述了联军的困境，"力促他要使亲王懂得，皇朝的命运就在他的手中，因而答复必须在本月二十日上午十时前送到我们这里。而假如他还希望拯救帝国和他的种族的话，那末就得在一切问题上都让步"②。可见，英法虽然在是否焚园上意见不一致，但是，在迫使清廷彻底让步、早订和议的目的却是相同的，只是在达到目的的手段上存在不同意见。

虽然，英、法在是否焚园上意见不一致，但英国方面还是一意孤行，决计通过焚毁在清帝心目中占有重要地位的圆明园来加速和约互换的进程。10 月 18 日，英军纵火焚园。

就在 10 月 18 日圆明园的烈火腾空而起的时候，俄国公使伊格纳切也夫积极配合英法的行动扮演调停人的角色。他威胁留守在京的王大臣："假如你们不认真地去和他们谈判，那他们就要炮轰京城，烧掉皇帝的大殿和你们所有的房子。……在这样一种令人烦恼的形势下，为了挽救宫殿和城市，为了结束这一场把你们弄得焦头烂额的战争，你们除了干脆接受他们还在向你们提出的

---

① 中国史学会主编：《第二次鸦片战争》（二），上海人民出版社 1978 年版，第 462 页。
② 中国史学会主编：《第二次鸦片战争》（六），上海人民出版社 1978 年版，第 300 页。

和议外，可没有其它的出路；这也就是接受战胜者强加给你们的条件，真诚地批准你们两年前就曾签订而始终不打算去履行的条约。"并且，伊格纳切也夫还向他们保证恭亲王的人身安全，"告诉他，要他安下心来，不要害怕，在这一段时间内，英国人和法国人是不会找他的麻烦，也不会来攻打北京的"[①]。当天，他还密函告知法国公使葛罗，已经力劝恭亲王"认明危险，速定和议"[②]。

结果证明，圆明园的大火和俄国公使伊格纳切也夫威逼利诱的调停对和约的达成起了极大的加速作用。圆明园的大火终于彻底摧垮了清政府的自尊和自信，同时也使之相信联军并没有颠覆清政府的意图。于是，清政府屈服于侵略者的淫威之下，答应了他们的一切要求。1860年10月24日、25日，清政府分别与英、法两国交换了《天津条约》的批准书，并订立了中英、中法《北京条约》。"黑烟至和议交换时，犹未息也。"[③]条约签订后，侵略者为了确保条约的实施，要求清政府颁发谕旨，宣示中外，并自拟谕旨一道，内有"无不批准，永远遵行"[④]等语，并宣称一定得按他们所拟的内容宣布，如不允许，即将北京城外的军队驻扎城内。迫于侵略者的淫威，清政府以为事已至此，不能"因小节而滋他变"，而且"佛（法）夷兵既未全退，难保不勾结复来，

① 中国史学会主编：《第二次鸦片战争》（六），上海人民出版社1978年版，第301—302页。
② 中国史学会主编：《第二次鸦片战争》（二），上海人民出版社1978年版，第461页。
③ 萧一山：《清代通史》（三），中华书局1985年版，第550页。
④ 《筹办夷务始末》（咸丰朝）（七），中华书局1979年版，第2531页。

若令英夷马步队全数入城，必致民情惊扰，后患无穷"①。所以，吓破了胆的清政府再一次答应了侵略者的无理要求，仿照侵略者所拟谕旨的口气，"略加润饰"，宣布中外，还自欺欺人地说，这样"既不拂其所求，亦不全允所请；一面仍催令退兵，以免再生枝节"②。在侵略者的要挟下，后来又将《天津条约》及续增各条，刊刻通行各省，"以昭信守"。至此，侵略者完全达到了他们的目的。整个事态的发展和最终的效果正如额尔金所预言的那样："毁坏圆明园行宫，与勒索一宗款项，使清政府能于当地筹集，作为媾和之初步，名义则为被害者之赔偿费，二举联合起来，似为完成各条件之惟一方法。"③

由上述可知，以巴夏礼为首的被俘人员以遭受凌虐为理由焚毁圆明园，只不过是侵略者欺骗世人的一个借口，他们最终的目的是迫使清廷就范，以攫取在华的特权。将在清帝心目中占有重要地位的圆明园付之一炬，成为侵略者达到罪恶目的的一种罪恶手段。

三、圆明园之火与近代中外关系

圆明园之火不仅使侵略者达到了目的，而且对近代中外关系产生了重要的影响。可以说，这场大火是中外反动势力勾结的一个转折点。

---

① 《筹办夷务始末》（咸丰朝）（七），中华书局1979年版，第2531页。
② 《筹办夷务始末》（咸丰朝）（七），中华书局1979年版，第2531页。
③ 中国史学会主编：《第二次鸦片战争》（二），上海人民出版社1978年版，第457页。

这场大火的作用表现在两个方面：对清政府而言，消除了对西方列强的疑惧，明白西方列强的目的不是推翻他们的政府而帮助太平军；对西方列强而言，这场大火对清政府进行的恐怖性威胁，打击了清政府的尊严和自大，使之俯首帖耳。然后，再把濒于崩溃的清政府扶植起来，并帮助它绞杀轰轰烈烈的太平天国农民运动，通过它控制全中国。可以说，中外反动势力在剿灭太平军，维持现有政权和列强在华特权上形成了利益的共同点。因此，在战争结束后，西方列强就着意扶植清政府镇压太平天国农民起义，中外势力迅速勾结起来。如果说中国封建主义与帝国主义相结合是中国近代史上的一个重要转折点，圆明园之火则成为这个历史转折点的标志。

英法《北京条约》签订后，俄国公使伊格纳切也夫借口调停有功，向清政府提出俄国事务重新谈判，要求另订新约。伊格纳切也夫居功的就是圆明园大火腾空而起之时，帮助清政府度过了最危难的时刻，恭亲王奕䜣是得到他的安全保证才敢回到北京和签订条约的。奕䜣对俄国非常感激，加之当时清政府急于要结束对外战争，以便集中力量并取得外国援助扑灭太平天国革命。因此，对俄国提出的要求尽量满足，并让刑部尚书瑞常和侍郎麟魁、成琦等人尽快办理此事，安排与俄使见面的日期。10月29日，奕䜣亲自前往俄国使馆拜会了伊格纳切也夫，就他帮助中国与联军议和之事，表达了清帝的谢忱，双方商妥于11月2日就俄国事宜进行商订。11月14日，腐败的清政府与俄国签订了《北京条约》，对俄国所提出的十五条续增条约完全应允。这个条约的实质是补充和批准了 1858 年的《瑷珲条约》。主要内容规定：一、黑龙江下流至乌苏里河合流处，南岸属于中国，北岸归俄国；自乌苏里河而南，上至兴凯湖，两国以乌苏里及松阿察二河为界，西属中国，东属俄国；自松阿察河、白稜河以迄图们江，西属中国，东属俄国。二、中国开放新疆的喀什噶尔为商埠，并许俄国于库伦、张家口进行零星贸易。通过这一条约，俄国夺走了我国东北沿海广大领土，并取得对华陆路通商的优越地位。

沙皇俄国通过这种趁火打劫的手段，不费一兵一弹，轻而易举地占领了中国黑龙江以北 100 多万平方公里的领土。马克思在 1858 年就指出：“如果有谁会在北京拥有政治影响，那一定是俄国，俄国由于上一个条约得到了一块大小和法国相等的新领土……通过第二次鸦片战争，又帮助俄国获得了鞑靼海峡和贝加尔湖之间价值无量的地域——这是俄国无限垂涎的一块地方，从沙皇阿列克谢·米哈伊洛维奇到尼古拉，一直都企图把它弄到手。”[①] 恩格斯在《俄国在远东之成功》一文中也对俄国这种趁火打劫的行为予以揭露：“当英国终于决定打到北京，而法国也希望捞到一点好处而同英国联合起来的时候，俄国——尽管就在此时夺取了中国一块大小等于法德两国加在一起的领土和一条同多瑙河一样长的

---

① 马克思：《中国和英国的条约》，见《马克思恩格斯选集》第一卷，人民出版社 2012 年版，第 820 页。

河流——竟能以处于弱者地位的中国人的无私保护人身份出现，而且在缔结和约时俨然以调停者自居；如果我们把各国条约比较一下，就必须承认：这次战争不是对英、法而是对俄国有利，已成为昭然若揭的事实。"[1]

沙皇俄国在掠取了如此巨大的利益后，自然对清政府极力扶持，表示要帮助清政府，剿灭太平军。11月14日，在中俄《北京条约》签字仪式上，俄使伊格纳切也夫当即表示要馈送枪炮给清政府，并负责指导铸造和演习，他说"现在两国和好已久，中国发、捻横行，均由火器不得力。欲派数人来京，教铸枪炮，一并教演"[2]，并说俄国使馆现在即有一名熟悉枪炮、可以教导枪炮铸造的人。对俄国的"热情"，奕訢存有疑虑，担心狡诈的俄国人别有图谋，未敢轻易应允。11月19日，俄使伊格纳切也夫回国，奕訢率领宝鋆、麟魁、成琦等在广化寺接见。伊格纳切也夫再次殷勤表示要馈送枪炮、教导制造枪炮，帮助清政府在江南剿灭太平军，以及代办南漕北运事宜。他说，中国于制造枪炮和炸炮、水雷、地雷、火药及演放，均未得法。俄国愿意派技术人员来中国教习。为了避免英法的猜忌，可选定离北京较远的地方，或西路，或北路，作为接收枪炮的地点，具体地点可由中国酌定。太平天国农民运动对清政府所造成的威胁，是对列强在华特权的威胁。因此，伊格纳切也夫提出助剿。他说，"发逆在江南等处横

① 恩格斯：《俄国在远东的成功》，见《马克思恩格斯选集》第一卷，人民出版社 2012 年版，第 822 页。

② 《筹办夷务始末》（咸丰朝）（七），中华书局 1979 年版，第 2601 页。

行，若不剿灭，则地方未能复旧"[1]。他表示清军可陆路统率重兵进剿，俄国可援助三四百名兵士在水路会击，这样必定能将太平军剿灭。至于南漕运京，俄国可以派沙船装载，船上悬挂俄、美两国的旗帜，护送漕米安全抵达天津。对俄国援助枪炮一事，清政府立即表示接受，"该夷既有此意，自系有心见好，未便遽行阻绝"[2]，一面令奕䜣赶紧行文知照俄国公使伊格纳切也夫，令其将枪炮送至恰克图，由内地派兵丁运回北京，以示中国和好之意；一面在京师兵营选派熟悉枪炮兵丁，并由大员带往恰克图，认真学习制造枪炮演放方法。至于俄国所提出的剿办太平军、代运南漕等，清廷也谕令曾国藩等妥筹办理。

法国在第二次鸦片战争中与英国狼狈为奸，出力甚少，但获益甚多，向清政府提出"愿与中国攻剿发逆"[3]。清政府以"中外和好""未便有劳尔师"的借口婉言谢绝。

虽然清政府不敢贸然答应俄、法提出的出兵攻剿太平天国的要求，却密谕江苏巡抚薛焕指使买办商人与洋商"自为经理"。华尔组织洋枪队参加镇压活动就是这种"自为经理"的产物。英国不愿意俄、法抢在前面，担心俄、法的插手会影响和侵入其势力范围，所以一度出面干涉和要挟，并积极准备帮助清政府镇压太平天国。

---

① 《筹办夷务始末》（咸丰朝）（七），中华书局1979年版，第2607页。
② 《筹办夷务始末》（咸丰朝）（七），中华书局1979年版，第2609页。
③ 《筹办夷务始末》（咸丰朝）（七），中华书局1979年版，第2547页。

以上事实是中外反动势力相互勾结的先声和前奏。1861 年 11 月 2 日，慈禧与奕䜣里应外合，在外国侵略者的大力支持下，发动了"辛酉政变"。"辛酉政变"后，中外反动势力就公开勾结，组成反革命联合武装共同镇压太平天国革命。

1862 年 1 月，太平军进攻上海。中外反动势力在上海成立"中外会防公所"，策划防守方案和筹措饷械。在上海的英、法侵略军增至数千人，华尔的洋枪队改称"常胜军"，扩编至 5000 人。外国势力正式插手镇压太平天国。1862 年 2 月 28 日，清王朝以同治皇帝的名义颁布上谕，正式作出了"借师助剿"[①]的决策，借用英、法等国军事力量，帮助剿杀太平天国农民起义。1862 年 5 月，在浙江的英、法侵略军与清军成立了"中法混合军"（"常捷军"）和"中英混合军"（"常安军""定胜军"）。俄国也不甘落后，兑现军事援助的承诺。同治元年（1862 年）八月，派总管东洋俄国水师提督颇颇福（Popov）带领兵船，"前赴中国帮同堵截紧要各海口"[②]。到同治元年（1862 年）十月初五日，俄国共援助清政府"枪一万杆、炮八尊、炸子火箭五百枝"[③]。

1862 年至 1864 年，英、法、俄等国军队配合清军先后进兵江苏、浙江，占领宁波、慈溪、余姚、上虞、绍兴、常熟、太仓、昆山、苏州、杭州、常州等地，使清军稳住了东南阵脚，保住了

---

① 《筹办夷务始末》（同治朝）（一），中华书局 1979 年版，第 3 页。
② 《清末沙俄派军剿助太平军史料》，《历史档案》2001 年第 2 期。
③ 《清末沙俄派军剿助太平军史料》，《历史档案》2001 年第 2 期。

膏腴之地，同时使曾国藩湘军得以在西线从容布置，进军金陵。太平军不得不在东西两线迎敌，受到中外反对派的共同镇压，最终归于失败。

由上述可见，圆明园之火使中外反动势力看到了彼此利益的共同点，从而为他们的勾结奠定了基础。在此基础上，清政府提出"借师助剿"，侵略军来华"助剿"，共同镇压了太平天国农民起义。因此，我们说圆明园之火是帝国主义和封建主义相结合这个重要历史转折点的标志。

第五章

重修圆明园与晚清政局

圆明园被焚毁后，处处残垣断壁，满目疮痍，但仍为皇家禁地，管理极严，统治者随时准备复其旧观，以为享乐之地。慈禧太后对昔日的园居生活留恋不已，试图将这座名园加以修复，恢复已往的园居生活。同治初年，她曾授意修缮园内的部分景观。同治十三年（1874年）是她40万寿之期，重修圆明园更是提上了议事日程，计划对圆明园进行重修。不料，对是否重修圆明园，清廷内部意见存在分歧，引起了一场声势浩大的争论。这次修园还引发了一场政治风波，将由来已久的宫廷权力斗争推上高峰。圆明园的修复问题，反映了晚清政局的风云变幻。

第一节
同治朝重修圆明园

一、重修之背景

咸丰一朝，外有西方强敌的侵入，内遭太平天国革命的打击，国势濒危。最终倚靠曾国藩、李鸿章等人，荡平内乱，国势稍安。但到同治朝，在夷创未复、西北兵事方兴未艾的情况下，宫廷渐起修复圆明园之声。考诸史实，修复圆明园之议，自有其历史背景。慈禧太后急于修复圆明园，主持修园；同治帝贪好游乐，操作修园；内务府司员希图渔利，怂恿修园。因而，在国内国际大局并不太平的情势下，有修复圆明园之举，不足为异。

（一）重修前的国内国际局势

在圆明园被焚掠的第二年，咸丰皇帝于咸丰十一年七月十七日（1861年8月22日）病逝于热河避暑山庄。五岁的皇子载淳继承大统，是为同治帝，改元祺祥。其母懿贵妃那拉氏被尊为皇太后，即慈禧太后。皇后钮祜禄氏被尊为皇太后，即慈安太后。野心勃勃的那拉氏与恭亲王奕䜣精心策划，内外策应，在外国侵略者的大力支持下，在回到北京的第二天（咸丰十一年九月三十日，1861 年 11 月 2 日）发动了宫廷政变，解除了赞襄政务王大臣载垣、端华、肃顺的职务，将他们处死，其他五名赞襄政务大臣也分别给予惩处，剥夺了他们的政治权力，夺取了政权。十月初九日（11 月 11 日），载淳于太和殿登基，改元同治。所谓的"同治"，就是由两宫太后共同"垂帘听政"，实际权力掌握在那拉氏手中。这一年是辛酉年，史称"辛酉政变"。从同治元年（1862 年）到同治十二年（1873 年）同治帝亲政止，两宫太后"垂帘听政"达 12 年之久，也就是说，终同治一朝（共 13 年），实际都是慈禧一人掌政。

从中外关系而言，出现了所谓"中外和好"的局面。通过第二次鸦片战争和圆明园之火，帝国主义认识到他们在华利益所面临的最大威胁不是清政府，而是与之对峙的太平天国农民政权。在充分权衡利弊后，侵略者认为与其摧垮清政府，不如扶持其作为剿灭农民革命以及统治中国人民的工具，实行"以华制华"的政策。因此，在《北京条约》没有签字前，帝国主义就已经表示他们无意推翻清政府。他们迫不及待地向清政府提出中外修好，帮助清政府绞杀太平天国。对于是否与列强修好，清政府内部存在赞成和反对两派意见。以恭亲王奕䜣为首的赞成一派占据了上风，他们在第二次鸦片战争中办理"夷务"，深知洋人的禀性和用意，因而极力主张与外国修好，借助西方力量镇压太平天国革命。由此，清廷确定了"借师助剿"的方针，中外反动势力勾结起来，共同扑向太平天国革命。1864 年，太平天国起义被中外势力剿灭。清统治者也认为，大乱削平，危机过去，可以坐享太平了。那时朝中大事，上有慈禧、奕䜣决策，下有"中兴"大臣曾国藩、李鸿章等辅佐，颇有一派"升平"景象。这一段时期就被统治者鼓吹为所谓的"同治中兴"。修园之声也在此时渐起。

实际的时局是否为"中兴"时代？

从国内形势而言，虽然镇压了太平天国农民起义，但是统治阶级内部的斗争并没有停止过，专制的慈禧和掌握朝廷实权的恭亲王奕䜣之间的权力斗争愈演愈烈，激起晚清政坛的阵阵波澜。奕䜣在辛酉政变中功劳很大，被封为议政王，在军机处行走，权倾朝野，总揽大权。这是权欲极强的慈禧所不能容忍的。双方矛盾产生，明争暗斗，势同水火。

在慈禧的支持下，同治四年三月初五日（1865 年 3 月 31 日），翰林院编修蔡寿祺上疏参劾奕䜣贪墨、骄盈、揽权、徇私，要求奕䜣"归政朝廷，退居藩邸，请别择懿亲议政"①。慈禧以此为把柄，立即召见群臣，宣谕奕䜣"罪不可逭，宜速议"，并命倭仁、周祖培等查办。三月初六日（4 月 1 日），倭仁、周祖培召蔡寿祺追供。蔡寿祺供认"均系风闻"，并无实据。倭仁等据实上奏，请慈禧太后宸断。三月初八日（4 月 3 日），慈禧以同治名义下诏痛责奕䜣"妄自尊大，诸多狂傲，倚仗爵高权重，目无君上，视朕冲龄，诸多挟制，往往暗使离间，不可细问，每日召见，趾高气扬，言语之间许多取巧妄陈"，并明令"恭亲王著毋庸在

---

① 《李鸿藻先生年谱》，台北商务印书馆民国五十八年版，第 137 页。

军机处议政，革去一切差使，不准干预公事"。①此诏一出，使许多王公大臣感到惊诧，纷纷上折请求收回成命。见此情形，慈禧于三月十六日（4月11日）下诏，命奕䜣"仍在内廷行走，并仍管理总理各国事务衙门"②。慈禧考虑到自己没有全面掌握实权，奕䜣势力庞大，为政经验丰富，仍可倚赖，这次用权示威、裁抑奕䜣的目的已达到，即可收场。四月十四日（5月8日），她当面训诫奕䜣后，颁发谕旨："本日恭亲王奕䜣因谢恩召见，伏地痛哭，无以自容。当经面加训诫，该王深自引咎，颇知愧悔，衷怀良用恻然……"因此决定奕䜣"仍在军机大臣上行走，毋庸复议政名目，以示裁抑"③。慈禧还表示，朝廷对奕䜣的处置是本着"廓然大公，毫无成见"的原则。经过此番打击，奕䜣的权势和威望受到重创。

对此，奕䜣怎能善罢甘休，一直寻机报复。同治七年（1868年）七月，御史德泰在慈禧宠监安德海的授意下，奏请重修圆明园，并代递内务府官员贵祥所拟的于京外各地按亩按户按村鳞次收捐的筹款章程。此议一出，立即遭到了奕䜣等人的反对。奕䜣认为"侈端"将开，并要求同治帝对此予以"严旨切责"。八月初一日（9月16日），同治帝颁布上谕，斥责贵祥所拟的筹款章程，"荒谬离奇，实出情理之外"，并着重指出："当此军务未

① 《翁同龢日记》第一册，陈义杰整理，中华书局2006年版，第379页。
② 《清穆宗实录》卷一三三，同治四年三月辛亥。
③ 《清穆宗实录》卷一三六，同治四年四月戊寅。

平，民生困苦流离，朝廷方欲加意抚恤。乃该库守则请于京外各地方按户按亩按村鳞次收捐。如此扰害闾阎，尚复成何政体。"①上谕中还以明朝灭亡为殷鉴，指出"前明加饷派饷，以致民怨沸腾，国势不可复问。我列祖列宗屡次引为殷鉴。……不意德泰所陈，显违列圣之彝训，反欲朝廷剥削小民，动摇邦本"，严责德泰"丧心病狂，莫此为甚"！②诏令，德泰革职，贵祥发往黑龙江给披甲人为奴。这次修园之议的幕后主使是慈禧。奕诉算是借此事报了慈禧革其议政王的一箭之仇。

同治八年（1869年）七月，慈禧宠监安德海以奉旨织办龙衣为名，违背祖制，出京南下，沿途招摇煊赫，所坐船只插"龙凤旗帜，带有男女多人，并有女乐，品竹调丝，两岸观者如堵"③。行至山东，安德海被山东巡抚丁宝桢拿获，就地正法。慈禧闻讯大惊，碍于祖制，加之慈安太后、奕诉的施压，只得接受既成事实。慈禧因此气急败坏，大病一场。

慈禧和奕诉的争权斗争为同治末年第二次修园之争和政坛风波的爆发埋下了伏笔。

在国际上，虽然统治者吹捧"中外和好"，但帝国主义列强正在蓄谋掀起瓜分中国的新一轮狂潮，日、美在中国的东南海面挑起事端，俄、英在西北、西南挑衅扰边，中国海疆、陆疆面临前

---

① 《清穆宗实录》卷二四〇，同治七年戊辰八月乙巳。

② 《清穆宗实录》卷二四〇，同治七年戊辰八月乙巳。

③ 《清穆宗实录》卷二六四，同治八年八月癸卯。

所未有的危机，形势对清政府十分不利。

（二）宫廷对修园的热衷

此时的清政府国力支绌，财源枯竭，无力大规模重修圆明园。当时的国际形势也不容统治者享乐。虽然如此，但骄奢的慈禧并未认识到形势的严峻，反而惋惜他们生活的突变，厌恶"红墙绿瓦黑阴沟"的宫廷生活，想重修圆明园以为游乐之所。尽管第一次修复圆明园的计划破产，但慈禧念念不忘重修圆明园。

同治十二年（1873 年），载淳长大成人，慈禧不得不"归政"。她在"归政"前曾面谕军机大臣"大难既平，吾姐妹辛苦久。今距归政不远，欲择日遍召大学士、御前大臣、六部九卿，谕以宏济艰难之道，惟养心殿地太迫窄"[①]，以此暗示重修圆明园。第二年，即同治十三年（1874 年）为慈禧 40 寿辰，她希望能回到圆明园庆祝她的 40 万寿。因而在时势阽危之时，仍有不顾舆论、修复圆明园之举。

同治十二年春，同治亲政，慈禧撤帘归政。对慈禧修复圆明园的心思，同治甚为了解。在他亲政的两年中，秉承母后旨意，所办的唯一一件大事就是修复圆明园。从表面看，皇帝似乎是出于对其母亲的孝心而修圆明园，实则是在内务府司员怂恿之下，修复圆明园以满足他游乐之需。

同治帝自幼即不好学，性喜游乐，这可解释他为什么对修复圆明园如此热衷。在帝师翁同龢的日记中，关于同治帝的学习情况，

---

① 黄濬：《花随人圣庵摭忆》，上海古籍出版社 1983 年版，第 509 页。

颇多记载。兹以亲政前的同治十年（1871 年）为例：

正月初七日（2 月 25 日）：晨读极散，因陈光阴可惜，当求日进之方，上颔之而已。

正月廿五日（3 月 15 日）：看折时精神极散，虽竭力鼓舞，终倦于思索，奈何！

二月廿七日（4 月 16 日）：是日兰孙传两宫谕，问书房功课极细，有"不过磨工夫"，"见书即怕"，及"认字不清"，"以后须字字斟酌"，"看折奏要紧"等语，不胜惶悚。

三月十六日（5 月 5 日）：晨读涩不可言，（七刻，尚潦草）。无法可施矣，熟书一半，尚好。（无起）。午正入，（满书六刻）。讲折、读古文皆不佳，嬉笑意气皆全。功课如此，至难著手矣。

五月廿七日（7 月 14 日）：传慈禧皇太后谕旨，书房功课耽误，书既不熟，论多别字（曾面试一二次），说话不清。

九月廿六日（11 月 8 日）：两宫又论功课，极言上未能用心，昨令读折不成句，又讲《左传》，则不了了，若常如此，岂不可虑，因垂泪宣谕再三。下臣闻此，愧汗无地矣。[1]

上书房枯燥的课程内容和师傅们死板的教学方法，使得皇帝自

---

[1] 引用资料按时间依次见《翁同龢日记》第二册，陈义杰整理，上海古籍出版社 1983 年版，第 828、832、839、844、860、882 页。

幼即对学习失去兴趣。这正如李慈铭所说"惟知剿录讲章性理肤末之谈，以为启沃，故上心厌之，不喜读书"①。但久居深宫，生活单调，"狎近宦竖，遂争导以嬉戏游宴"②，势所必然。因此，同治帝自幼即嬉乐无度，狎近宦寺，整天与太监在宫中演戏，甚至在咸丰帝灵柩尚未奉安期间亦如此，以致同治三年五月十一日（1864年6月14日）上谕中竟对此也不加隐饰，严厉督责幼帝："皇帝典学之余，务当亲近正人，讲求治道，倘或左右近习，恣为娱耳悦目之事，冒贡非己，所系实非浅鲜。"③太监以声色娱乐诱导皇帝，使得幼帝情窦早开，以致以后有微服冶游之事。

虽然同治帝的声色犬马之好有内侍们的诱导，而慈禧对他的影响亦不容忽视。

同治二年（1863年），咸丰帝梓宫尚未奉安山陵，慈禧表面上曾下令禁止一切庆典，"我朝定制，皇帝于释服后，一切庆典均应次第举行。惟念梓宫尚未永远奉安，遥望殡宫，弥深哀慕，若将应行庆典，一切照常举行，于心实有不忍"④。但暗地里，却以"驾幸"惇亲王宅第的方式，传集梨园名角到府演剧。在慈禧"临幸"惇王府的当天，内务府、顺天府、步军统领衙门纷纷派出官兵差役，清扫跸道，驱遣闲人。外间对此事传闻颇众，议论纷纷。慈禧对此在上谕中做了"此地无银三百两"式的解释，并将板子打

---

① 李慈铭：《越缦堂日记》，同治十三年十二月初五日。
② 李慈铭：《越缦堂日记》，同治十三年十二月初五日。
③ 《清穆宗实录》卷一〇四，同治三年五月庚申。
④ 《清穆宗实录》卷七四，同治二年七月丙寅。

在惇亲王奕誴身上，"前曾传旨，于本月初五日，朕奉两宫皇太后虔诣惇亲王府第神殿前行礼，所以循旧章而展懿亲，断无传集梨园之理。且此事惇亲王并未陈奏，誴亦未敢豫备。朕念典方殷，日存寅畏，何至以耳目嗜好为天下先？如惇亲王果有传教梨园之事，著即撤去"[①]。实则惇亲王不过是秉慈禧喜好而为。

终日嬉戏中的载淳，于同治十二年正月二十六日（1873 年 2 月 23 日）开始亲政。对这个不争气的儿子，慈禧恨铁不成钢。在学业上，她制定种种措施，严格要求，希望皇帝学有所长。"国语清文，亦必勤加练习。皇帝每日办事召见后，仍应诣弘德殿，与诸王虚衷讨论。李鸿藻、徐桐、林天龄、桂清、广寿等，均著照常入值，尽心讲贯，用收启沃之功。至肄武习劳，乃我朝家法。骑射等事，皇帝亦须次第兼习。"[②] 在还政归权上，她不放心也不甘心，懿旨迭下，多方限制皇帝的权力，规定"一切庆典场合，呈递如意之王大臣，仍照旧于皇太后前呈递"，透露出她的权欲，表明她不但不愿意归政，反而以种种手段，迫使皇帝继续听命于她。

载淳自幼即受制于慈禧，亲政后慈禧也不肯放权，加之他喜爱玩乐的禀性，因此在亲政后，也就懒于政事，将心思置于享乐中。那时朝中大事有慈禧、奕䜣决策，有曾国藩、李鸿章等辅佐。加之太平军被镇压不久，内外无事，颇有"升平"气象，同治帝更懒于政事。他很少召见各部院值日诸臣，偶尔面见，也不过一二人。召

① 《清穆宗实录》卷一九六，同治六年二月戊子。

② 《清穆宗实录》卷三四八，同治十二年正月乙巳。

见之时，他也是以三言两语匆匆敷衍了事。至于披阅奏章，则为"依议""知道了"等寥寥几句。厌恶读书、性喜玩乐、懒于政事的他，自然全力追求耳目声色之好。借口修复园庭，他可以恣意游乐。因此，他对修复圆明园的热衷较慈禧而言，有过之而无不及。圆明园的重修与同治亲政时间相始终（自同治十二年九月二十八日下令兴修，到次年七月二十九日园工停止，1873 年 11 月 17 日—1874 年 9 月 9 日）。园工停止后的三个月，同治帝也随之夭亡。

出现重修圆明园之论，于上，慈禧和同治的主持是最重要的因素，但于下，内务府司员的怂恿也是一个不可忽视的因素。

满族崛起于辽东，鉴于明代宦寺专权的弊端，禁止宦官干政。顺治入关后，始设内务府，当时仍有明代遗留的宦官服役宫中。不久，受内侍吴良辅等人的煽动，设立十三衙门，广结党类，把持内外。康熙元年（1662 年），诛杀吴良辅，恢复内务府官制，改惜薪司为内工部，康熙十六年（1677 年）改名为营造司，尽革前明旧制，易以满人。营造司主要负责宫廷和皇家苑囿的修缮工作，为利薮所在。因而日久弊端丛生，凡是侵吞财物、冒销工料、行贿纳贿等，一如明代宦官所为。所以，内务府堂郎中等官缺，众人视为脂膏窟泽，积习相沿，内务府几乎没有一个廉洁奉公之人。遇到大型的必须与工部共同修建的工程项目，内务府司员往往借端要挟，作威作福，凡是工部所派廉正之人，如不与之上下其手，共同舞弊，则想方设法将其驱逐。即使是工部也受制于内务府，对其莫可奈何！嘉庆年间，朝廷试图革除内务府旧习，禁用内务府原有估料匠役，另行选派汉人督责其事，以大学士戴均元总理内务府工程处。戴均元曾三次督造工程，但三次因咎获谴。自此以后没有汉人敢任此职，插手内务府事务。同治初年，太平天国运动尚未荡平，国库空虚，但是查看《内务府奏销册》所载，兴修三海，不绝于书。内廷一日无修造，就等于断了内务府司员的财路。因此，内务府司员总是百计怂恿，想方设法广兴营造，以遂其糜烂侵冒之私欲。第一次修复圆明园之议，即内务府司员在其中兴风作浪。贵祥以库守的微职，竟然敢于拟定修园筹款章程，满族御史德泰也竟然为之具奏，除了有慈禧作后台，有一个最重要的动机就是内务府诸员急欲规复圆明园等园庭，希图渔利，因而怂恿于下，不遗余力。由于朝野反对，这一次内务府诸员借园工发财的计划落空。

同治十二年，同治帝亲政、大婚两个典礼相继告成。第二年又将是慈禧的 40 寿辰，一向以兴土木、修园囿为生财之道的内务府官员对慈禧重修圆明园的心思更是一清二楚。同治亲政后，日侍皇帝左右的内务府郎中贵宝、文锡及侍讲王庆祺，积极鼓动同治帝重修圆明园。据《越缦堂日记》记载，同治帝"莅政以后，内务府郎中贵宝、文锡与宦官日侍上，劝上兴土木，修园御"。园工开始时，款料俱缺。内务府以贵宝、文锡为代表的各员以微职努力捐款，希图在主子面前邀宠。在"李光昭谎报木价案"（下文将详论，此不赘述）上，贵宝与李光昭朋比为奸，蒙混呈堂入奏，并派笔帖式成麟与之同行，使李光昭得售其奸。正如大学士李文田所奏："左右近习与宵小之臣，日夜谋饱其私橐，假园工之役，耸动圣听，务欲朘剥皇上之百姓，斫丧祖宗二百余年之积累而后已，彼其处心积虑，曾何顾于皇上之大局，顾皇上以天下为家，今欲削皇上之家以肥其家，其自为之计甚便，然皇上朘削其家以肥此辈之家，于皇上何益哉。"[1]当时户部侍郎桂清兼管内务府，好直言，上疏请停园工，被罢斥。同治十三年（1874年）六月，贵宝终由在园工上报效出力甚多，被任命为内务府大臣，后来因为李光昭案被革职，但不久即官复原职，与文锡共同督造三海工程，终同治一朝，宠遇不衰。当园工正在进行时，恭亲王奕䜣也奏请皇帝"远宦寺，绝小人"，就是指贵宝、文锡等人。其后，御史李宏谟也弹劾贵宝、文锡为小人，并请求召还被罢斥的桂清。所以，圆明园重修之议，虽然是慈禧主持于上，但怂恿煽惑的却是贵宝等内务府司员。

（三）重修之前的圆明园

圆明三园罹劫后，毁坏程度严重。私家记述中记载圆明园劫后情形的，当推同治十年（1871年）王闿运游圆明园后所作的《圆明园词》以及徐树钧的《圆明园词序》。当时仍有少数宫监留守园中，双鹤斋、蓬岛瑶台巍然存留，泉石邱林依稀宛在。但劫后余灰，乱草侵阶，堪动人禾黍之悲。可惜王闿运、徐树钧足迹所到之处，并未涉及全园，其余的毁损情况无从得知。关于圆明园被毁后的情形，最权威的记载当属同治十二年（1873年），明善

① 中国第一历史档案馆编：《圆明园》（上），上海古籍出版社1983年版，第725页。

对该园毁损情况所做的调查奏报。据雷氏《旨意档》载：

> 该年十一月初九日（12月28日），内务府大臣明善、堂郎中贵宝奏明圆明园尚存十三处，包括：双鹤斋、慎修思永、课农轩、文昌阁、魁星楼、春雨轩、杏花村、知过堂、紫碧山房、顺木天、庄严法界、鱼跃鸢飞、耕云堂。[①]

上列建筑中属于绮春园的仅有庄严法界一处。其余的建筑均属于圆明园。据刘敦桢先生研究，这次调查还有不少遗漏之处，保留完好的建筑还有：圆明园四十景之一蓬岛瑶台、圆明园内藻园的林渊锦镜、藏舟坞；长春园中的海岳开襟；以及绮春园的大宫门、正觉寺和"延寿寺、森翠亭、湛清轩、袭矩亭、绿满轩、转角房、环翠门外四方亭、假表盘后库房二十三间及值房五处共十七间"[②]。

综上可知，圆明园虽然经过英军的焚毁，由于全园范围辽阔，建筑繁多，北部偏远的建筑，如课农轩、耕云堂、慎修思永、知过堂、顺木天、八方亭、双鹤斋、紫碧山房等幸免于火。但是，自咸丰十年（1860年）到同治十二年重修前，其间又经历了13年，所有的殿宇楼阁及残存建筑都已年久失修，再加上看守不严而造成偷盗等人为破坏，所以到重修前，整个圆明园已经是殿宇倾毁，乱石零立，辇道断毁，桥梁倒塌，到处是巨木兀立，荆棘

---

① 中国第一历史档案馆编：《圆明园》（下），上海古籍出版社1983年版，第1119页。
② 刘敦桢：《同治重修圆明园史料》（续），见《中国营造学社汇刊》第四卷第三、四期，第316页。

丛生，蔓草森森，塘苇弥望。因此，在这片废墟上进行重修，无疑困难重重。

被毁后的圆明园仍然是皇家禁苑，并设有专门机构和专人看守。在同治朝最初的几年中，曾进行过一些小范围的整修。据档案记载有：

同治四年（1865年）：修理紫碧山房等值房。

同治五年（1866年）：补砌大墙、修理绮春园值房、修理司房值房。

同治六年（1867年）：修理闸口、修理圆明园值房、修理大墙。[1]

这些记载可与故宫文献馆所藏的《内务府奏销档》相映证："同治四年修理圆明园北路春雨轩、紫碧山房值房。五年修理围墙及绮春园值房。六年修理圆明园闸口、围墙、值房与黑龙潭诸处。"[2] 可见，重修前，圆明园时有零星的修葺工程。不过，大规模的修缮工程是从同治亲政后开始的。

二、重修的概况

同治末年的重修圆明园，自1873年11月17日下令兴修，到

---

① 中国第一历史档案馆馆藏：《圆明园清漪园等处查账档》，编号3072，广储司类，银库财务项。
② 转引自刘敦桢：《同治重修圆明园史料》（续），见《中国营造学社汇刊》第四卷第三、四期，第317页。

次年9月9日园工停止，历时将近一年。本小节从横向方面描述工程建设本身，包括工程、材料、工费、勘估与监修等基本情况。

（一）工程

同治年间拟定重修圆明三园的范围，属于圆明园的，主要有圆明园中路供理政办事的殿宇和帝后的寝宫部分，包括南部的大宫门、出入贤良门、正大光明殿、勤政殿及附近朝房、值所，以及九州清晏殿、慎德堂一带；其余殿宇亭榭，属于部分整修，包括安佑宫、藻园、上下天光、万方安和、武陵春色、杏花春馆、同乐园、舍卫城、双鹤斋、西峰秀色、紫碧山房、北远山村等，或酌量修理或仅清除渣土，都属于圆明园中路、北路。福海附近，仅限修理明春门，其他不加修造。属于万春园的，有大宫门、天地一家春、蔚藻堂、清夏堂数处，以备慈安、慈禧太后的临幸。属于长春园的，仅有海岳开襟一处。此外，三园中需要修理的道路、桥梁、船只、河道、码头、围墙、门楼等附属工程，也同时择要兴修。总计全园计划重修的殿宇达3000余间。这就是"择要重修圆明园"的范围。而且，必须在慈禧40岁大寿之前全部修建完毕，因此工程的修建任务甚为紧迫。

确定工程范围后，首先要做的工作是对每座需要修造的殿宇实地踏勘，进行实际的地面丈量，然后按照比例做出图样和烫样（模型）。烫样虽小，但具体而微，山池楼阁，无不具备。建筑物内部装修花纹如需要雕琢者，还必须另外绘制洋布大样，与实物等大，使工作臻于精密。从雷氏《旨意档》《堂谕档》和内务府报销文件看，这次重修工程，首先进呈的烫样是圆明园的安佑宫，万春园的天地一家春、清夏堂，主要是为祭奉祖先，再者就是太后的寝宫，因此最先制办。其次进呈的烫样是圆明园的大宫门、正大光明殿即圆明园中路各部。最后进呈的烫样是圆明园南路勤政殿与上下天光。第二年，又进呈了双鹤斋、海岳开襟、四宜书屋、杏花春馆、同乐园、武陵春色、万方安和、澄心堂及船只等各式图样。仅画样、烫样这两项就耗费工、料银5800 余两。

接下来的工作就是将工程划区承包。根据内务府文件，此次重修圆明园共分六大工程，分别交工承办：圆明园大宫门一区，兴隆木厂刘长荣；正大光明殿及西路勤政殿一区，永德厂卢煜；圆明园中路一区，天利木厂安鹏；安佑宫一区，泰源局高凤源；万春园大宫门及天地一家春一区，泰和局王家瑞、王程远；万春园清夏堂一区，义成厂田溥。各大座装修，楠木作雷起恩。

同治十二年十月初八日（1873 年 11 月 27 日），圆明园的重修工程开始兴工。首先清理安佑宫、天地一家春、清夏堂、正大光明殿、圆明园中路等处 1420 余间殿宇的残毁台基、墙垣，搬运渣土。这项工程在同治十二年末大体告竣。其余各处殿座，也陆续择近清理并堆造假山。

同治十三年正月十九日（1874 年 3 月 7 日）正式开工后，继续搬运渣土，"先行刨槽，砺下桩丁，筑打灰土，成做底盘"①。

---

① 中国第一历史档案馆编：《圆明园》（上），上海古籍出版社 1983 年版，第 666 页。

然后便是立架上梁。此次重修原来是筹备同治十三年慈禧太后40万寿大典之一，因而工程紧迫，务必速成。但据钦天监测定，第二年不宜上梁，十二年十二月十六日（1874年2月12日）为黄道吉日，宜于上梁。当时木料缺乏，梁木无备，临时无法采办，于是拆掉圆明园船坞四座，用其大柁改做安佑宫大殿等27处正梁。十二年十二月十六日（1874年2月12日）提前上梁，派内务府大臣崇伦、明善、魁龄、诚明及堂郎中贵宝，分别赴各处行礼，举行上梁典礼。

同治十三年七月末，园工停止。内务府派人勘查，造具《各座已做活计做法清册》存案，并结算各项工费外，对已经上梁的架木"复绳紧标，添拴压风绳"，加以保护。

（二）材料

同治重修圆明园，事出仓促，款料俱缺，于是拆掉园内藏舟坞以及三山等处旧材，以济一时之需。不过这次重修的范围达3000余间，旧料不抵十分之一，不得不想筹办木料之方。根据内务府档册、奏底以及雷氏文件，当时的筹措办法有如下几个：第一，拆除藏舟坞、近春园、三山、灯笼库等处木石瓦片；第二，李光昭报效木植；第三，行文两湖、两广、四川、闽浙等省，每省采办大件木料三千件，务必于同治十三年三月内报明，迅速运京；第四，招商前往产木各省，设法采买；第五，砖瓦石料及小件木植以及其他各种物料，于京城附近就近觅购，或向各省行取；第六，大件装修一部分交粤海关制办，一部分由样式雷在京雕制。

各小殿装修，交各包工自办。

上述筹措办法除第一条通过拆东墙补西墙得以实施外，李光昭报销的木植，截至停工时止，仅采办洋木 35000 尺，运到天津，尚未抵京。第四、第五两项没有下文。第六项装修木料，交粤海关制办，因为当年七月末停工，也就不用采办。而雷氏于京城附近所购买的柏木 20000 斤，停工时，内务府也无法偿付木价。

以上几项，均为枝节之处，尚不能左右整个工程进度，对整个工程的影响不是很大，最关工程进度的就是指派两湖、两广、四川、闽浙等省必须采办的大件木料 3000 件的未能实现，致使安佑宫等处较大工程无法继续。根据内务府文件，只有两广总督瑞麟于同治十三年五月二十日（1874 年 7 月 3 日）奏称已经采办木料，并进呈木样及木植尺寸清单。浙江巡抚杨昌濬于同治十三年三月十日（1874 年 4 月 25 日）奏称，所需大件木料"尤属素所未有，实属无从采办"①。上奏驳复未能照办的，则有两湖总督李瀚章和四川总督吴棠二人。其中吴棠一折，反复申述采木的种种困难，最为恺切，甚至有"免解以省冗费"②等语。这主要是太平天国革命被镇压后，各省封疆大吏事权渐大，清廷威信也非康乾盛世可比。内务府司员想凭借一纸咨文，驱使各省督抚剥削民脂民膏，以供不急之需，已成为不可能之事，因而，遭到李瀚章、吴棠等人的反对。因此，后来园工的停止固然有李光昭一案的被揭露以

---

① 中国第一历史档案馆编：《圆明园》（上），上海古籍出版社 1983 年版，第 679 页。

② 李慈铭：《越缦堂日记》，同治十三年五月二十一日。

及清宫权力斗争等种种因素的左右，但当时木料的缺乏，也是园工不得不停止的原因之一。

（三）工费

雍、乾盛世，海内承平，各省常关盈余以及长芦、两淮盐款收入丰厚，所以即使内廷频年大兴土木，也不用动用户部银两，且用银未见支绌。但经过两次鸦片战争和太平天国运动，清政府的财税收入来源被打乱。自从开五口通商以后，海道航行，从上海到天津的各地关口，如同虚设。太平天国起义的十余年间，各省为筹备军需，随地设卡征税，原来的常关盈余随之减少，而盐法亦随之而乱。于是，内府财源枯竭，每年的总收入仅有百余万两白银，入不敷出，户部也是无款可筹。因此，圆明园重修工程开工时，资金严重匮乏。

兴工在即，款项无着。所需钱款，既不能破例向户部支取，而大乱之后，库藏空虚，户部也无法搜罗巨额资金，于是内务府司员想出了由内外王公大臣捐输款项修园的建议，并立即实施。捐输的内容和捐募的钱款数目如下。

捐输的内容分两种：一为恭亲王奕䜣等内外王公认捐之款，共23万余两；一为本工及普祥峪万年吉地工程，扣回发商银二成。①

①普祥峪万年吉地工程扣回发商银两共十万九千两。见中国第一历史档案馆馆藏档案文件《圆明园行文档》（同治十二年九月至十三年八月，编号行92，文移类，476项）所记载："同治十三年四月十二日，总管内务府为知照事：本年四月初二日准贵处文称，本月初二日，和硕惇亲王面奉谕旨，所有恭修普祥峪万年吉地放商正款内，拟存贮堂二成，节省库平银十万九千两，著交内务府，钦此。咨行本府派员前赴贵处银库支领，并据知照，此项银两系交内务府恭修圆明园工程之款。等因。先后知照前来。今本府定于四月十七日派员前赴贵银库支领，相应先行知照，于是日查验印领，如数发放可也。"

以上两项，截至停工时，共收入 405000 余两。[1]

此外，据李慈铭日记载："同治十三年四月二十三日，御史余培轩奏请将户部捐输随解饭银及照费，约二十余万两，工部河工水利银，约四五万两，拨交内务府充园工之用，岁可得三十余万两，奉旨交部议奏。"但是没有下文。因此，整个重修圆明园的经费仅为区区 405000 余两之多。

重修断断续续历时将近一年，所捐募的银两支出情况如何呢？据刘敦桢先生考察，"已修工程之总额共计四十八万一千余两"[2]，主要的支出为工程费用和办公费用两大块，工程费约银 307279 两9 钱 9 分 1 厘，办公费约银 23241 两，再加上停工后仍拖欠各厂和包工材料银两 14 万余两，估计整个重修工程花费银两 48 万多两。而捐输所得的修建经费仅为 40 万余两，因此圆明园的最终停工与资金的缺乏有着最直接的关系。

（四）勘估与监修

如第一章所述，按照清代内廷工程营造程序，首先由内务府奏请指派勘估大臣估算钱粮，然后由勘估大臣奏请指派承修大臣承修。工程完竣后，由承修大臣奏请钦派大臣验收，规定保固年限与赔修之例。这次重修圆明园工程，由于事出仓促，一切筹款、集料、鸠工等都由内务府堂郎中直接处理，并没有按照旧例选派勘估大臣及承修大臣办理。同治十二年九月二十八日（1873 年 11

---

① 刘敦桢：《同治重修圆明园史料》（续），见《中国营造学社汇刊》第四卷第三、四期，第287页。
② 刘敦桢：《同治重修圆明园史料》（续），见《中国营造学社汇刊》第四卷第三、四期，第293页。

月17日）下旨修园后，就开始清理园内的渣土，清除残垣断壁。同年十二月十六日（1874年2月12日），安佑宫等六大工程就提前供梁。但直到第二年的三、四月，内务府才两次上奏请求简派勘估大臣。此时，园工已经开始了几个月，并不符合勘估承修制度，内务府此举不过是事后补勘各工。

同治十二年（1873年）十月园工开始后，设立总司监督，总领园工事宜，并在各工程处派监督、郎中、员外郎等19名，专司工程监督。不过内外事权都集于总司监督堂郎中贵宝一人之手。除监理整个工程建设，凡所有呈送内务府的工程文件，都必须得到贵宝的首肯和签署。此外掌仪司郎中茂林、会计司郎中巴克坦布以帮办总司监督名目会衔副署。长期驻圆明园，直接管理工程，从帮办总司监督到一般的带匠司员，共有百余人的管理队伍。

依上可知，同治重修圆明园工程浩大，但是由于特殊的现实条件，款料奇缺，尽管内务府司员挖空心思筹款、筹料，但收效甚微，所捐输的钱款和通过拆东墙补西墙而得的木料，对于巨大的工程而言不过是杯水车薪，加之当时朝野反对园工之声颇盛以及清廷内部借园工而进行的激烈的政治斗争，工程不得不于同治十三年七月二十九日（1874年9月9日）下令停止。

三、重修圆明园的政治风波

重修工程进行期间，发生了种种关涉晚清政局的政治事件，情形复杂。本小节从纵向方面阐述围绕修园而引发的争论和政治风波。

同治十二年八月二十一日（1873年10月12日），同治帝以"颐养太后"为名，颁布了重修圆明园上谕。在谕旨中，同治首先声明：修园是为尽孝道，"两宫皇太后保佑朕躬，亲裁大政十有余年，劬劳倍著，而尚无休憩游息之所以承慈欢，朕心实为悚仄。是以谕令总管内务府大臣设法捐修，以备圣慈燕憩，用资颐养"，并表示重修范围仅限于安佑宫、临朝办事之所和帝后寝宫，"安佑宫系供奉列圣圣容之所，暨两宫皇太后驻跸之殿宇，并朕办事住居之处，略加修葺，不得过于华靡，其余概毋庸兴修，以昭节省"。①

九月二十七日（11月16日），同治帝遣内务府司员至四代承办园工的雷思起家索取圆明三园全图。九月二十八日（11月17日），再次正式颁布了"择要兴修"圆明园的上谕，再次表白修园是为了"感戴慈恩"；范围仍是前次上谕中所言之地，为"择要兴修，其余游观之所概不修复"；至于最为关键的经费问题，则表示现在"库款支绌"，不动用部款，所有修园经费"著王公以下京外大小官员量力报效捐修"。②

十月初一日（11月20日），正式将绮春园改为万春园，敷春堂改为天地一家春，悦心园改为和春园，清夏斋改为清夏堂，同道堂改为福受仁恩，基福堂改为思顺堂，天地一家春改为承恩堂，

① 中国第一历史档案馆编：《圆明园》（上），上海古籍出版社1983年版，第626页。
② 中国第一历史档案馆编：《圆明园》（上），上海古籍出版社1983年版，第627页。

清夏堂西宫门改为南宫门。①

十月初二日（11月21日），陕西道监察御史沈淮上疏奏请缓修。据《郎潜纪闻初笔》载："当园工议兴，中外错愕，台谏中惟沈桐甫侍御淮首上书力争。"同治帝大怒，立即召见沈淮，"谕以大孝养志之义"②。随后，福建道监察御史游百川也上疏反对重修圆明园，请停园工。他从皇帝的安全着眼，认为圆明园的门禁，绝不如城内宿卫森严，而"近年西山一带，时有外国人游骋其间。万一因我皇上驻跸所在，亦生瞻就之心，于圆明园附近处所修盖庐舍，听之不可，阻之不能，体制既非所宜，防闲亦恐未备，以臣愚悃，不无过虑"③。次日，同治帝召见恭亲王奕䜣、醇亲王奕谖和游百川，对游百川大加训责："徒沽名耳，安有体朕孝思之意哉！"认为游百川之举是阻止他恪尽孝道："乃先阻朕尽孝之心，该御史天良何在？"训斥游百川所陈之言："不过欺朕冲龄，实属妄陈。"他下令将游百川革职，还严厉警告群臣不得再言园工之事，"俟后如再有奏请暂缓者，朕自有惩办"④。十月初三日（11月22日），同治帝再次颁发了修园上谕。第二天，恭亲王奕䜣首先带头报效工银2万两，以后陆续报捐者虽不踊跃，但也不乏其人，主要为内务府司员。

君令一出，内务府司员立即雇用民工，在资金和建筑材料严重

---

① 中国第一历史档案馆编：《圆明园》（上），上海古籍出版社1983年版，第628页。
② 陈康祺：《郎潜纪闻初笔》，中华书局1984年版，第12页。
③ 中国第一历史档案馆编：《圆明园》（上），上海古籍出版社1983年版，第632—633页。
④ 中国第一历史档案馆编：《圆明园》（上），上海古籍出版社1983年版，第638页。

匮乏的情况下，于十月初八日（11月27日），圆明园的重修工程开始。

十月初八日（11月27日），民工开始将安佑宫、天地一家春、清夏堂、正大光明殿、圆明园中路等处殿宇房间一千四百二十余间拆除残毁墙垣，并清理渣土。

同治十三年正月十九日（1874年3月7日），圆明园的修复工程正式开工。重修圆明园是慈禧太后的主张，她不断过问园工。雷思起的《旨意档》对慈禧的热心修园之事有记载（均为同治十二年）：

十月初三日（1873年11月22日），谕样式房雷思起赶紧于一月内烫样呈览。

十一月五日（1873年12月24日），召见崇伦、春佑、贵宝，谕以万春园添改工程十余款，并谕雷思起：屋各样装、名目、仙楼，每一样分十样，要奇巧玲珑。

初八日（1873年12月27日），又召见崇伦等，给御制天地一家春内檐装修烫样一份，著交样式房拟对丈尺再烫细样。

十四日（1874年1月2日），御旨催问烫样何日进呈？

十九日（1874年1月7日），召见明善、贵宝等，万春园中一路各座烫样，奉旨依议。天地一家春四卷殿装修样，皇太后自画，再听旨意。

二十二日（1874年1月10日），交下天地一家春皇太后亲画瓶式如意，上要叠落散枝，下绦环人物，另画呈览。[①]

自园工开工后，平日懒于政事的同治帝一反常态，对于园工，"事必躬亲"。从雷氏《旨意档》中我们可以发现，在园工进行的每一阶段，事无巨细，同治几乎日日都有"旨意"下达：或催烫样，或令修改，或亲自画样，或亲自去工程现场视看工程进度，借机游观玩乐。

催促、修改烫样，亲自画样。以同治十二年（1873年）为例：十一月初九日（12月28日），二次召见明善、贵宝等，问圆明园尚存多少处？奏存双鹤斋等十三处，遵旨著交样式房机密烫样呈进，并查中路树。十一月初十日（12月29日），圆明园双鹤斋等十三处殿座匾额，密旨派明善、贵宝交样式房机密烫样呈览。十一月二十四日（1874年1月12日），召见明善，交下皇帝朱笔自画样。十一月二十六日（1874年1月14日），上谕："上下天光著外边拟仙楼楼梯，要藏不露明，烫样呈览。"十二月初三日（1874年1月20日），新建七间殿前方亭往南，直上南山石，照御笔画样。[②]

亲自阅视园工（均在同治十三年，即1874年）。三月十二日（4月27日），明善、贵宝谕，着随同进园，皇上至安佑宫行礼

---

① 以上几条材料均转引自《李鸿藻先生年谱》，台北商务印书馆民国五十八年版，第196—197页。
② 转引自《李鸿藻先生年谱》，台北商务印书馆民国五十八年版，第197页。

后，至中路，又至清夏堂、万春园、双鹤斋看样，召见明善、贵宝传膳，慎德堂后抱厦改二丈四尺，各处土盘清理渣土，又看七间殿，谕院子小，至紫碧山房，酉刻起銮，戌刻进城。①四月初九日（5月24日），上幸安佑宫阅视工程，于双鹤斋进晚膳。②五月十一日（6月24日），上幸圆明园安佑宫阅视工程。③六月初三日（7月16日），上幸安佑宫阅视工程。④七月二十一日（9月1日），皇上幸园。⑤

同治帝不仅借园工恣意游玩，而且频频微服冶游，闹得人言籍籍。于是，大臣们纷纷上疏请停园工。

三月十一日（4月27日）同治帝到圆明园看视工程，三月二十四日（5月9日），醇亲王奕𬤊等人就合疏谏阻。首先，他们和游百川一样表示了对皇帝安全的不放心，"今圆明园内虽有双鹤斋数处堪供宸赏，然内而值宿之乾清门侍卫，及总管、首领太监，外而值宿之大臣、侍卫、官弁、兵丁，全无栖止之所，势必群集露处，杂乱无章，倘遇阴雨，更难期其严整。园内各处多系焚劫之余，荒凉已久，臣等鳃鳃过计，有不敢形诸笔墨者"；其次，又痛切地要皇帝记住此园乃是国恨家仇之地，

① 《雷氏旨意档》，转引自刘敦桢：《同治重修圆明园史料》（续），见《中国营造学社汇刊》第四卷第三、四期，第328页。
② 李慈铭：《越缦堂日记》，同治十三年四月初九日。
③ 李慈铭：《越缦堂日记》，同治十三年五月十一日。
④ 李慈铭：《越缦堂日记》，同治十三年六月初三日。
⑤ 《雷氏旨意档》，转引自刘敦桢：《同治重修圆明园史料》（续），见《中国营造学社汇刊》第四卷第三、四期，第335页。

"咸丰庚申外夷入寇，要挟和约，焚掠禁园，致先帝播迁塞外，痛遭大敌，在皇上为不共戴天之仇，在臣等有君忧臣辱之罪"；最后，更是严正指出继续园工的后果，"若于物料未备之先，屡次命驾前往，不惟内外臣工，或致生懈，且残山剩水，断垣残壁，不足盘桓，适增愤懑，更恐为外洋轻量朝廷求治之道，所系良非浅鲜"。①

文祥还单独上折请停修园工，"现在被兵省分，善后事宜，及西路巨饷，皆取给于捐输抽厘，而捐厘两项，已无不搜刮殆尽。园工需用浩繁，何从筹此巨款，即使设法捐输，所得亦必无几，且恐徒伤国体而无济于事也"。②

尽管大臣们的谏阻颇费心思，但同治帝不为所动，依然我行我素。四月初九日（5月24日）、五月十一日（6月24日），他又到圆明园阅视工程，以致政务疏忽，于读书更是有名无实，"每月书房不过数次，且时刻匆促，更难有所裨益，不几有读书之名，而无读书之实"。帝师李鸿藻忍无可忍，出面劝阻皇帝"屏无益之游观，轸念时艰，省无名之兴作"③。

大臣们的合词呼吁和帝师苦口婆心的规劝，都无法阻止同治帝阅视园工，更不用说停止园工。六月初三日（7月16日），他又到圆明园"巡视"工程。尽管同治帝将谏阻的奏折置之不顾，但

① 中国第一历史档案馆编：《圆明园》（上），上海古籍出版社1983年版，第692—693页。
② 中国第一历史档案馆编：《圆明园》（上），上海古籍出版社1983年版，第675页。
③ 《李鸿藻先生年谱》，台北商务印书馆民国五十八年版，第202页。

"犯颜冒上"的大臣不乏其人。六月初四日（7月17日），侍讲学士徐桐以"星异示警"为言，请同治帝"似此临幸看视工程之举，悉行停止"①，并请求"严申门禁"②。翰林院侍读学士李文田的奏折措辞激烈。六月初七日（7月20日），他上疏尖锐地指出重修圆明园是"不顾天下大局"、剥削穷民之举，并进而指出修理圆明园有三大害："一、民穷已极；二、伏莽遍天下；三、国家要害尽为西夷盘踞。"③同时指出"焚圆明园之巴夏礼等，其人尚存，昔既焚之而不惧，安能禁其后之不复为？常人之家，或被盗劫，犹必固其门墙，慎其管钥，未有更出其财物，以夸富于盗贼之前者"④。李文田于园工之初，也曾报效银两，他的原意是希望同治帝能励精图治。但皇帝沉湎于此，不理政事，他愤慨之余，写了这篇长达三千余言的奏疏，寄希望于万一。李慈铭日记中记载，"闻上阅，竟不置一语"，他猜测是"盖圣心亦颇感动"，而"外间传上震怒，裂疏掷地，妄言也"。⑤具体真相，无法得知。

以上劝谏或请同治帝摒弃游观，或对微行之事也旁敲侧击。可惜的是，这些谏言并未对同治帝产生任何影响。六月十四日（7月27日），同治召见圆明园工程总办内务府堂郎中贵宝，下令将

① 吴相湘：《晚清宫廷实纪》，台北正中书局1979年版，第198页。
② 中国第一历史档案馆编：《圆明园》（上），上海古籍出版社1983年版，第724页。
③ 李慈铭：《越缦堂日记》，同治十三年七月二十九日。
④ 李慈铭：《越缦堂日记》，同治十三年七月二十九日。
⑤ 李慈铭：《越缦堂日记》，同治十三年七月二十九日。

同乐园改三层戏台，看戏殿改楼三层，楼板与中层戏台平。七月二十一日（9月1日），同治又到圆明园看视工程。

在朝野的一片反对之声中，同治仍固执己见，不愿收回成命。但是，这次重修圆明园，名义上是"择要兴修"，其实工程规模浩大，所需要修葺的殿宇房间就多达3000余间，而且款料俱缺，尤其是工程最需的大件木料无从获取，内务府为此行文两湖、两广、四川、闽浙各省督抚，要求每省务必采办大件木料3000件，并限令于同治十三年（1874年）三月内解送北京。但是，大件木料实难采伐。正当内务府为木料和经费而发愁时，候补知府李光昭声称愿为修园报效木料应急。

李光昭，原籍广东嘉应，以贩卖木材和茶叶为生。后来寄居汉阳多年，由监生在同治元年（1862年）在安徽省报捐知府。此人本属无赖，素行不端。同治十二年（1873年）六月，李光昭到京贩卖木材，结识了内务府大臣诚明、堂郎中贵宝、笔帖式成麟。诚明向李光昭询问采买大木情况。李光昭看到有利可图，自称愿意将数十年商贩各省购留的楠、柏、杉、梓、松等巨木报效圆明园工程，运至通州，并愿意在十年内运足价值十万两银子的木料。在内务府的奏请下，李光昭被允准办理此事。

于是，李光昭打着"奉旨采办"的旗号，私刻"奉旨采运圆明园木植李"的关防，在四川等地招摇撞骗。同治十三年五月二十一日（1874年7月4日），李光昭的诈骗行为被四川总督吴棠揭露。吴棠上疏说："数十年来，未闻有外来李姓客商在川购办木料存留未运之事，近岁亦无李光昭其人采办木植，殊属毫无凭据。"[1] 李光昭又到湖北，得知进山砍伐树木出山需三年时间，成本过大。于是，到广东、香港购买了法国商人价值 54000 余元的洋木，而他却向内务府浮报价值 30 余万两。

木材运到天津后，李光昭以尺寸不符原议为由，拒不付款。于是，法商通过法领事出面，照会天津海关和天津道，请求清政府立即拘留李光昭，勿使逃走，而且还要求赔偿损失。直隶总督李鸿章将此事上奏同治帝。同治帝大怒，于七月初六日（8月17日）颁发上谕，着李鸿章"迅速确切根究，按律严办，不得稍涉轻纵"[2]。李鸿章查办的结果证实了李光昭的种种不法情形。鉴于李光昭的"胆大妄为，不法已极"[3]，判处斩监候，秋后处决。与李光昭交通舞弊，引进经手的内务府大臣贵宝，受到御史们的严厉弹劾，依溺职例革职。

李光昭谎报木价案被揭露后，舆论哗然。加之同治帝溺男宠，借园工游观宴乐，微服冶游的事传得满城风雨，并为慈安太后所侦悉，恭亲王奕䜣忍无可忍，于七月十六日（8月27日）与十位重臣联衔上疏，除了请求速停园工外，还指责同治帝亲政后的种种过失，提出六条谏议，包括畏天命、遵祖制、慎言动、纳谏章、勤学问、重库款。"其要则在诚帝与太监等以嬉戏为乐，藉看工

① 《越缦堂国事日记》，见沈云龙编：《近代中国史料丛刊续辑》第 596 辑，第 1145—1146 页。
② 中国第一历史档案馆编：《圆明园》（上），上海古籍出版社 1983 年版，第 737 页。
③ 中国第一历史档案馆编：《圆明园》（上），上海古籍出版社 1983 年版，第 750 页。

程，恣意游观，人言不可不畏。"①现列举两条：

> 遵祖制："我朝列圣相承，自朝廷以及宫禁，事无巨
> 细，皆有规制。凡视朝办事，及召对臣工，每日数起，其
> 时皆在卯刻，未有迟至巳刻者；至太监只供奔走，不准干
> 预他事，训饬尤严，诚有见于前代宦寺之祸，杜渐防微，
> 意至深远；一切服用之物，务崇俭朴，不尚华饰新奇，宫
> 禁之中，尤为严肃，从未有闲杂工作人等，终年出入。凡
> 此皆祖宗旧制，愿皇上恪遵家法，以光先烈。"②
>
> 慎言动："皇上一身为天下臣民所瞻仰，言动虽微，不
> 可不慎也。外间传闻皇上在宫内与太监等以嬉戏为乐，此
> 外讹言甚多，臣等知其必无是事，然人言不可不畏也！本
> 年临幸圆明园，查看工程数次，外间即谓皇上藉此游观，
> 可见圣躬起居，不可不慎。至召见臣工，威仪皆宜严重，
> 言语皆宜得体，未可轻忽。凡类此者，愿皇上时时留意。"③

疏上后，奕訢担心同治帝不看，于是多次请求召见。直到七
月十八日（8月29日）才被召见。同治帝将七月十六日（8月27
日）的奏疏没看几行，便生气道："我停工何如！尔等尚有何唠

---

① 萧一山：《清代通史》（三），中华书局1985年版，第672—673页。
② 吴相湘：《晚清宫廷实纪》，台北正中书局1979年版，第203页。
③ 吴相湘：《晚清宫廷实纪》，台北正中书局1979年版，第203页。

舌？"恭亲王急忙说："臣某所奏尚多，不止停工一事，容臣宣诵！"于是，奕䜣将奏折中所陈之事逐条讲解，反复指陈。同治帝失去了耐心，大怒道："此位让尔如何？"听到此言，文祥伏地痛哭，几于昏厥，被先行扶出。奕谟则继续哭谏。讲到微行一条，同治帝坚决追问从何处听说？奕谟指出时间、地点。同治帝大为尴尬，"怫然语塞"①。最后说，园工之事，不能马上停止，必须禀告太后方能定夺。

七月二十七日（9月7日），同治帝召见奕谟。恰好，奕谟到南苑验炮去了。于是，召见奕䜣。又问微行一事到底从何处听说。奕䜣说"臣子载澂"。同治帝更加愤怒，"且迁怒及载澂"②。

七月二十九日（9月9日）早朝，同治帝斥责奕䜣"无人臣礼"，革去奕䜣所任军机大臣及一切差使，降为不入八分辅国公，交宗人府严议。

中午，同治帝又召见王公大臣和弘德殿师傅翁同龢。同治帝责怪大臣们对园工之事为何不早说，尤其责怪翁同龢为什么不早说？翁同龢把江南民间对修园之事议论纷纷的实情告诉同治帝。但是，同治帝还余怒未消，诟责奕䜣、奕谟，甚至说他们"离间母子，把持政事"。两王叩头申辩不已。翁同龢出来圆场，说："今日事须有归宿，请圣意先定，诸臣始得承旨！"同治帝这才说："待十年或二十年，四海平定，库项充裕，园工可许再举乎？"大臣

---

① 吴相湘：《晚清宫廷实纪》，台北正中书局 1979 年版，第 204 页。
② 吴相湘：《晚清宫廷实纪》，台北正中书局 1979 年版，第 204 页。

们都回答说："如天之福，彼时必当兴修！"① 于是决定停止圆明园工程，改修三海。

翁同龢等人赶忙至军机处拟停修谕旨，递上去后被留中不发。内廷却下了一道尽革恭亲王及其子载澂一切爵秩的朱谕。文祥等不奉旨，上疏请求缓发谕旨，"在皇上威怒之下，不觉措词过重，惟恭亲王万当不起。且谕旨系昭示天下后世，必期字字允当，可否容臣等明日召见后请旨，再行缮发，抑或本日由臣等恭拟进呈御览，即行宣示"，军机处奉同治帝朱笔"文祥等所奏著不准行"。② 到午后时分，内廷颁发停修圆明园的上谕："前降旨，谕令总管内务府大臣将圆明园工程择要兴修，原以备两宫皇太后燕憩，用资颐养而遂孝思。本年开工后，朕曾亲往阅看数次，见工程浩大，非剋期所能蒇功。现在物力艰难，经费支绌，军务未尽平定，各省时有偏灾。朕体仰慈怀，甚不欲以土木之工重劳民力。所有圆明园一切工程，均著即行停止。"③

七月三十日（9月10日），同治帝又颁发一道朱谕，改变对奕䜣的处分，"朕自去岁正月二十六日亲政以来，每逢召对恭亲王时，语言之间，诸多失仪，著革去亲王世袭罔替，降为郡王，仍在军机大臣上行走，并载澂革去贝勒郡王衔，以示微惩！"④

八月初一（9月11日），同治帝又以"朋比谋为不轨"为名，

① 吴相湘：《晚清宫廷实纪》，台北正中书局1979年版，第205页。
② 中国第一历史档案馆编：《圆明园》（上），上海古籍出版社1983年版，第744页。
③ 《清穆宗实录》卷三六九，同治十三年七月己巳。
④ 《清穆宗实录》卷三六九，同治十三年七月庚午。

214

尽革与奕䜣联衔上奏的奕谖、伯颜讷谟祜、奕劻、文祥、宝鋆、沈桂芬、李鸿藻等十位重臣的职务。并且，还准备召集六部尚书侍郎内阁学士宣读。两宫太后闻听，急至弘德殿，垂泪抚慰恭亲王："十年以来，无恭王何以有今日！皇帝少未更事，昨谕著即撤销"。[①] 当天，明发懿旨恢复恭亲王及载澂爵秩。

至此，重修圆明园一案才告结束。对于这次修园之争与政治风波的关系，学术界普遍认为，恭亲王奕䜣的获咎是因为谏阻园工；修园之争是政坛风波爆发的根本原因。对此，笔者不敢苟同。笔者认为，奕䜣的获咎并非因园工之事；修园之争是风波爆发的导火线，而不是根本原因，由来已久的宫廷权力斗争才是风波爆发的真正原因。

同治年间有两次重修圆明园之议。第一次发生在同治八年（1869年），前面已经论述。第二次即此次修园之争。如前所述，在第一次修复之议前，清廷内部慈禧和奕䜣之间就已势同水火。同治四年（1865年），慈禧利用"蔡寿祺事件"罢免了奕䜣的议政王。此后，双方在第一次修园之争和安德海被执杀等问题上展开了一系列的斗争。

由第二次修园之议而起的政治风波只不过是以上矛盾和斗争的继续。斗争的双方也随着同治帝的亲政而转化为同治帝和奕䜣。斗争的焦点并不是这座园子该不该修。奕䜣的获咎也不是因为他反对同治帝重修圆明园，而是由于他指责同治帝借园工肆意游玩

---

① 吴相湘：《晚清宫廷实纪》，台北正中书局1979年版，第206页。

及微服冶游的失德。在众人纷纷上疏陈请的情况下，从修园伊始到李光昭谎报木价案暴露之前，奕䜣对修园之事并未表示反对，而且早在同治十二年十月初四日（1873年11月23日）就"筹备纹银二万两，为捐助圆明园工程之用"。尤为值得注意的是，同治十三年三月二十四日（1874年5月9日），奕䜣再次"筹备银五千两，捐助圆明园工程之用"①。这进一步证明奕䜣对修园之事并不反对。②七月十六日（8月27日），奕䜣与十位重臣的联衔上疏重点不在园工，而在指责同治帝嬉戏游乐，恣意游观。同治帝后来惩罚奕䜣父子主要不是因为园工，而是由于奕䜣揭露其隐私，指责其私生活的过失，并以载澂作证，弄得身为九五之尊的同治帝威仪无存。于是，他才决定重重惩罚奕䜣父子。如果单为园工一事，同治帝仅惩罚奕䜣一人足矣，用不着"罪及载澂"。正因为有载澂导其微行在先，奕䜣和盘托出其丑行在后，同治帝才怒及载澂以泄愤。奕䜣的获咎纯粹是"穆宗之轻躁妄动"③。

同治十三年十二月初五日（1875年1月12日），同治帝驾崩。十三日（1月20日），诱导同治帝微行的侍讲王庆祺受到御史陈彝的参劾而被革职。煌煌上谕中所述革去王庆祺的理由令人玩味："翰林院侍讲王庆祺，于同治九年伊父王祖培，在

① 中国第一历史档案馆编：《圆明园》（上），上海古籍出版社1983年版，第694页。

② 田雨："奕䜣开始还声言反对，后见如此阵势，得知此次难以阻止，便三缄其口，反而首先报效工银二万两，表示支持。"田雨的文章见《是否重修圆明园：百余年前的一场政治风波》，《北京观察》1999年第7期。

③ 黄濬：《花随人圣庵摭忆》，上海古籍出版社1983年版，第503页。

江西途次病故。该员赴赣州见丧后，并不迅速扶柩回籍，辄即前往广东，经该省大吏助以川资，实属忘亲嗜利。又上年为河南考官，出闱后，微服冶游。似此素行有亏，亟应从严惩办。王庆祺著即行革职，永不叙用，以肃官方。"① 似乎革去王庆祺职务是因为其不遵孝道，见利忘亲，但随即又点出王的"微服冶游"，闪烁其词。王庆祺诱导同治帝的丑事也就欲盖弥彰了。二十五日（2月1日），慈禧颁发懿旨整顿宦寺。与同治帝狎近的太监都受到了应有的惩罚。总管太监张得喜、孟忠吉和顶戴太监周增寿被即行斥革，发往黑龙江给官兵为奴，遇赦不赦。顶戴太监梁吉庆、王得喜也被一并斥革，太监任延寿、薛进寿交敬事房从重板责，交总管内务府大臣，发往吴甸铡草，以示惩儆。二十六日（2月2日），内务府官员贵宝、文锡受到御史李宏谟的弹劾，以"承办公事，巧于营私"② 而被革职。慈禧太后所做的这一切"均所以了同治失德之公案，并为亡羊补牢之计也"③。

综上可知，同治末年政治风波爆发的根本原因是由来已久的宫廷斗争。修园之争是风波爆发的导火线。

圆明园修复工程停止后，内务府派员做了一些保护工作。所有的官员大臣和圆明园三旗护军都被保留下来。可见，慈禧太后修复圆明园之心不死。

---

① 《清德宗实录》卷一，同治十三年十二月壬午。

② 《清德宗实录》卷二，同治十三年十二月乙未。

③ 吴相湘：《晚清宫廷实纪》，台北正中书局1979年版，第210页。

第二节
光绪朝的圆明园工程

一、光绪朝的政治局势

同治十三年十二月初五日（1875 年 1 月 12 日），同治皇帝驾崩。为了继续维护其独裁政治，慈禧将既是她外甥又是她侄子的醇亲王奕𫍽四岁的儿子载湉迎入宫中，继承大统，这就是光绪帝。两宫皇太后继续"垂帘听政"，实际大权仍掌握在慈禧手中。光绪七年（1881 年），慈安太后病逝，慈禧更是大权独揽。光绪十年（1884 年），慈禧借清流派发动"甲申易枢"，将以奕䜣为首的军机尽行罢斥，而易以世铎、奕𫍽等人，新的军机枢纽唯慈禧之命是从，被人讥讽为"一蟹不如一蟹"①，奕𫍽为保权位对慈禧百计讨好，慈禧更是为所欲为。光绪一朝，朝中大事基本上是慈禧一个人说了算。相对同治朝而言，慈禧的政治地位更为加强。

从同治末年到光绪年间，世界形势发生了巨大的变化。世界资本主义逐渐由自由竞争阶段过渡到垄断阶段，即帝国主义阶段。随着这种过渡，资本主义各国在全球范围内掀起了新一轮的掠夺

---

① 黄濬：《花随人圣庵摭忆》，上海古籍出版社 1983 年版，第 503 页。

殖民地和划分势力范围的狂潮。他们加紧了对我国的侵略，使我国边疆地区出现了前所未有的危机。其间中法战争及《中法新约》、甲午战争及《马关条约》、八国联军侵华及《辛丑条约》等一系列事件，进一步加深了中国的半殖民地半封建程度。

国家财政面临崩溃的边缘。在这种形势下，慈禧太后不是力图革新自强，而是念念不忘享乐，积极筹划重修清漪园和圆明园。

二、屡谏不止的圆明园工程

对于修复圆明园，慈禧太后一直"痴心不改"。整个光绪朝，对圆明园的小规模的修复工作一直没有停止。

光绪初年，对圆明园的修复工作一直在进行。光绪元年（1875年）四月，内务府决定将安佑宫等处已经安上的正梁撤下，妥当收存，准备日后修园再用。据故宫文献馆所藏《内务府奏销档》载，光绪四年（1878年）修理圆明园房间共用去银4000余两。

光绪十三年（1887年），清廷加紧了对圆明园修复的筹划工作。这次拟重修的范围包括圆明园北路的"慎修思永""课农轩""鱼跃鸢飞""文源阁"以及"天地一家春"等处。园工断断续续没有停止过。光绪二十年（1894年）春，慈禧又图大修，特地命令从全国土药厘金（原已命令以其全数提归颐和园工程处）中每年拨30万两提供圆明园工程，急急以园工为先务。根据故宫所藏的光绪二十二年（1896年）、二十三年（1897年）、二十四年（1898 年）《雷氏旨意档》所载，可以看出慈禧对园工的热心和修建的大致情况。

光绪二十二年：

二月二十六日（4 月 8 日）：皇太后懿旨：奉三无私、九州清晏、福寿仁恩殿、中卷殿、七间殿、河泡，撤去内殿总管院，由河泡东游廊后檐齐，改为关防院，丈量地势，核对办理。将天地一家春并东西配殿，移至承恩堂分位，承恩堂移在天地一家春分位，天地一家春东院改盖后照房五间，腰房五间，南房五间，宫门一座。

三月初二日（4 月 14 日）：皇太后、皇上驾幸圆明园，进藻园门，至中路慎德堂少坐，看圆明园殿画样，怀、立二堂带领雷廷昌呈递。又至双鹤斋、海岳开襟、万花阵，出二宫门，还，皇上申初还宫。

三月十七日（4 月 29 日）：皇上办事后，由颐和园至圆明园看马解毕，还宫。

九月初五日（10 月 11 日）：皇太后驾幸圆明园，进藻园门，至中路慎德堂，少坐，至万花阵赏吃食后，至海岳开襟，少坐，出二宫门。

九月初七日（10 月 13 日）：皇太后驾幸圆明园，进藻园门。皇上、恭亲王在安佑宫接驾后，至紫碧山房少坐，至春雨轩、双鹤斋、蔚藻堂赏吃食，出新宫门，还颐和园。

九月十六日（10月22日）：皇太后驾幸圆明园，进新宫门，至蔚藻堂、海岳开襟，少坐，又至长春园狮子林、淳化轩赏吃食后，出二宫门，还颐和园。①

慈禧频频临幸圆明园，主要是为了查看工程，因为重修工程的一切部署都是她亲自策划指挥，未尝假手于人。这年秋天，先后动工兴建的有双鹤斋、环秀山房、课农轩和万春园宫门内桥梁，第二年基本完成，共花掉白银96000多两。

光绪二十四年：

三月，慈禧太后拟修建天地一家春，并传旨索看天地一家春、慎修思永殿宇等图样。

四月初九日（5月28日），慈禧与光绪又来到圆明园，进藻园门到后湖，乘船游览课农轩、观澜堂等处。她还下令要为整修课农轩看图样。并在这个月拟定了修整观澜堂、藻园门等项工程所需的劳力和物力。

七月二十六日（9月11日），慈禧太后再次到圆明园，查看慎修思永的装修情况。

八月十五日（9月30日），粘修圆明园北部的绘雨精舍、龙王庙、北远山村等处，共添修拆修大小房间四十六间。此外，对慎修思永、课农轩等数处也进行了整修。

---

① 以上几条材料均转引自吴相湘：《晚清宫廷实纪》，台北正中书局1979年版，第213—214页。

可见，慈禧围绕"天地一家春"所拟修的范围较大，必须筹备巨资，但国力匮乏，这个计划并未得到实施。

对慈禧不顾国势衰微、屡兴园工的举动，一些忠直大臣纷起反对。慈禧不仅不接受这些劝谏，反而将这些大臣处以革职或斩首的处罚。

光绪十二年（1886年），东阁大学士阎敬铭管理户部事务，也上疏反对园工，"时上意将修圆明园，而敬铭论治以节用为本"。这无异触动了慈禧的大忌，她大为恼火，对他处以"革职留任"。①《马关条约》签订一年后，慈禧所宠爱的梳头房太监寇连材也对清廷的腐败无能提出了自己的看法，指点时事，他先是向慈禧跪陈意见，慈禧不听，他又上书，向慈禧陈谏十事，其中有一条就是请停修圆明园，废止临幸颐和园制度，还宫理政办事。结果遭到杀身之祸。

后来清廷又任命立山管理圆明园，光绪帝两次临幸圆明园，并传闻要重新整修圆明园。此时，原江西监察御史王鹏运于光绪二十二年三月十三日（1896年4月25日）上疏，反对兴修圆明园。他指出，甲午战败，"财匮民离，敌骄国弱"，在这种危急时刻，万万不能以有限的国家资财大兴土木。结果，王鹏运几乎因此而遭杀身之祸。

---

① 《清史稿·列传二二五》卷四三八，第12385页。

总之，这些忠言既是对慈禧太后滥兴土木的揭露，同时也表达了对时局艰危的忧虑，更是迫切希望清廷励精图治，以达到国家富强的目的。可惜的是，慈禧太后将这些忠言置于脑后。

总之，在整个同治和光绪两朝，围绕着圆明园是否重修的问题，清廷内部的争论一直没有停止过。同治年间，围绕园工引发了两次修园之争，同治末年的修园之争还引爆了一场政治风波。光绪年间，对圆明园小规模的整修从未间断过，反对之声也不绝如缕。这和雍乾盛世的情形大不相同。雍乾时期，包括圆明园在内的众多皇家园林的新建、增修、扩建和修缮无一日不在进行之中，但其时国力强盛，政治稳定，府库充盈，修园经费不仰给国库，因此连年大兴土木也不感资财的缺乏，甚至还是一种"藏富于民"的手段，所以不会因园林的修建问题而引起争论，更不用说政治风波。

同光时期，国势衰弱，政局动荡，外患严重，财政崩溃，已非雍乾盛世可比，但统治者却梦想恢复雍乾时期的园居生活，不顾时局的艰难而大兴土木，必然会遭到朝野的反对，加之统治集团内部由来已久的政治斗争，甚至掀起政治风波就是再正常不过的事了。可见，同光时期的园工的修整、谏阻以及政坛风波与当时的政局是紧密相关的。衰微的国势不允许统治者大兴营造，统治阶级内部的权力斗争对园工的修缮也有着极大的牵制作用。因此，圆明园在同光时期不可能得到重修是必然的。国盛园兴，国衰园败，说的就是这个道理。

1900 年，八国联军入京，北京西郊的园林又一次遭到劫难。圆明园再次未能幸免于难。于是，同光两朝屡经修葺的少数建筑也荡然无存。辛亥革命后，圆明园无人管理，经过军阀、官僚、地痞、奸商不断的盗窃、破坏，已经变得零落不堪，只剩满目的断壁残垣、残山剩水。到中华人民共和国成立时，圆明园已经被破坏得不成样子。中华人民共和国成立后，这一名园废墟才开始受到应有的重视，获得了新生。

一、馆藏档案

中国第一历史档案馆馆藏档案：奉宸院、圆明园、颐和园簿册、营造司工程处簿册、广储司银库簿册、内务府堂清册、内务府堂簿册、内务府来文、内务府所属机构来行文补遗、新整内务府档案目录。

二、各种典籍

《筹办夷务始末》，中华书局 1979 年版。

《国朝宫史续编》，北京出版社 1994 年版。

《国立北平图书馆馆刊·圆明园专号》，北平图书馆 1933 年。

《皇朝通志》陈士杰模刻，浙江书局光绪八年。

《畿辅通志》，河北人民出版社 1985 年版。

《清会典》，中华书局 1991 年影印。

《清会典事例》，中华书局 1991 年影印。

《清史稿》，中华书局 1986 年版。

《清实录》，中华书局 1985 年影印。

《万寿山圆明园景山各项料件户部现行等例》抄本，首都图书馆馆藏。

《文献丛编》，故宫博物院文献馆 1934 年。

《圆明园内工汇成则例》清底稿本，北大图书馆馆藏。

《圆明园内工则例》清抄本，北京图书馆馆藏。

《圆明园万寿山景山各项物料轻重部例》，北大图书馆馆藏。

《圆明园修建工程奏稿》原稿本，北大图书馆馆藏。

《圆明园修建工程则例》原底本，北大图书馆馆藏。

《御制诗文集》（康熙、雍正、乾隆、嘉庆、道光）。

《御制圆明园图咏》，天津石印书屋石印本，光绪十三年。

三、专著

北京市园林局史志办公室编：《北京园林丛考》，北京科学技术出版社 1996 年版。

陈康祺：《郎潜纪闻》，中华书局 1984 年版。

范存忠：《中国文化在启蒙时期的英国》，译林出版社 2010 年版。

方豪：《中西交通史》，岳麓书社 1987 年版。

[法]费赖之：《在华耶稣会士列传及书目》，冯承钧译，中华书局 1995 年版。

[法]杜赫德编：《耶稣会士中国书简集》，大象出版社 2005 年版。

法式善：《陶庐杂录》，中华书局 1959 年版。

侯仁之、金涛：《北京史话》，上海人民出版社 1980 年版。

[日] 冈大路：《中国宫苑园林史考》，农业出版社 1988 年版。

黄濬：《花随人圣庵摭忆》，上海古籍出版社 1983 年版。

蒋良骐：《东华录》，中华书局 1980 年版。

蒋孟引：《第二次鸦片战争》，生活·读书·新知三联书店 2009 年版。

蒋一葵：《长安客话》，北京出版社 2018 年版。

李斗：《扬州画舫录》，中华书局 1960 年版。

《李鸿藻先生年谱》，台北商务印书馆民国五十八年版。

林克光、王道成、孔祥吉：《近代京华史迹》，中国人民大学出版社 1985 年版。

[德] 利奇温：《十八世纪中国与欧洲文化的接触》，朱杰勤译，商务印书馆 1991 年版。

刘天华：《画境文心：中国古典园林之美》，生活·读书·新知三联书店 1995 年版。

刘侗、于奕正：《帝京景物略》，北京古籍出版社 1982 年版。

舒牧等编：《圆明园资料集》，书目文献出版社 1984 年版。

唐岱、沈源、汪由敦：《圆明园图》（上下册），中华书局民国二十九年版。

汤用彬等编著：《旧都文物略》，书目文献出版社 1984 年版。

欧阳兆熊、金安清：《水窗春呓》，中华书局 1980 年版。

钱泳：《履园丛话》，中华书局 1979 年版。

吴长元：《宸垣识略》，北京古籍出版社 1982 年版。

王道成主编：《圆明园——历史·现状·论争》，北京出版社 1999

年版。

《翁同龢日记》，中华书局 2006 年版。

王世襄：《清代匠作则例》，大象出版社 2000 年版。

王庆云：《石渠余纪》，北京古籍出版社 1985 年版。

王威：《圆明园》，北京美术摄影出版社 2000 年版。

吴相湘：《晚清宫廷实纪》，台北正中书局 1979 年版。

魏源：《圣武记》，中华书局 1984 年版。

吴语亭编注：《越缦堂国事日记》，台湾文海出版社 1978 年版。

吴振棫：《养吉斋丛录》，北京古籍出版社 2005 年版。

许明龙：《欧洲十八世纪"中国热"》，外语教学与研究出版社
2007 年版。

香山徐氏：《避暑山庄圆明园图咏》，大同书局。

萧一山：《清代通史》，中华书局 1985 年版。

《圆明园欧式宫殿残迹》，商务印书馆民国二十二年。

（清）于敏中：《日下旧闻考》，北京古籍出版社 1985 年版。

宗白华：《中国园林艺术概观》，江苏人民出版社 1989 年版。

张恩荫：《圆明园变迁史探微》，北京体育学院出版社 1993 年版。

张恩荫：《圆明大观话盛衰》，紫禁城出版社 1998 年版。

赵光：《赵文恪公自定年谱》，光绪十六年刻。

中国第一历史档案馆编：《圆明园》，上海古籍出版社 1983 年版。

中国史学会主编：《第二次鸦片战争》，上海人民出版社 1978 年版。

中国圆明园学会主编：《圆明园》（全五册），中国建筑工业出版
社 2007 年版。

中国营造学社：《中国营造学社汇刊》，国际文化出版公司 1997

年版。

震钧：《天咫偶闻》，北京古籍出版社 1982 年版。

朱静编译：《洋教士看中国朝廷》，上海人民出版社 1995 年版。

张家骥：《〈园冶〉全释》，山西人民出版社 1993 年版。

（清）周家楣、缪荃孙编纂：《光绪顺天府志》，北京古籍出版社
1987 年版。

昭梿：《啸亭杂录》，中华书局 1980 年版。

朱偰：《明清两代宫苑建置沿革图考》，北京古籍出版社 1990
年版。

朱谦之：《中国哲学对欧洲的影响》，上海人民出版社 2008 年版。

郑天挺：《清史简述》，中华书局 1980 年版。

赵翼：《檐曝杂记》，中华书局 1982 年版。

周一良主编：《中外文化交流史》，河南人民出版社 1987 年版。

后记

　　对于清代皇家园林的研究是清史研究的重要课题。我的博士生导师王道成教授是声名远扬的清史专家、皇家园林史研究专家。在王先生的影响和指导下，我将学习研究的重点放在清代皇家园林上。王先生根据学术界的研究现状以及我的个人志趣，建议我研究"万园之园"圆明园。这是一个很有历史意义和现实意义的课题，因为圆明园所承载的历史文化内涵是任何其他东西难以替代的，值得我们去深入挖掘和研究。

　　本书由我的博士论文修改而成，是我在中国人民大学清史所三年研究圆明园的收获。我的希望是在唯物史观指导下，在充分吸收前人研究成果和对史料广搜考订的基础上，从新的视角对圆明园作点总结性研究，并对一些"定论"作出新的阐释，希望尽量做到客观和科学，为圆明园研究、清代皇家园林史研究拾柴添薪。但限于学识水平，文中问题一定不少，看法也不一定准确，期待专家学者和读者的批评指正。

本书虽然只署我个人的姓名，但它饱含着很多人的力量。从选题到论证、从大纲到撰写都凝聚着王先生的心血。初稿写成后，王先生不辞劳苦，逐字逐句审阅订正，提出具体的修改意见，给我无尽启迪。王先生还将自己多年积累的相关书籍、资料给我使用，让我大受裨益。插柳之恩，此生难忘。

感谢一直给予我支持鼓励的师友、专家和同行；感谢开题、评阅和答辩过程中，戴逸教授、赵云田研究员、王灿炽研究员、朱金甫研究员、杨东梁教授、牛润珍教授、迟云飞教授、杨念群教授、黄兴涛教授给我提的宝贵意见；感谢付梓之际吴四伍副研究员的不吝赐教；感谢北京石油化工学院马克思主义学院曾卫兵院长和同人助力本书的出版；感谢东方出版社编辑李志刚老师为本书出版所付出的劳动。

清代郎世宁
圆明园铜版画

谐奇趣南面

谐奇趣北面

蓄水楼东面

花园门北面

花园正面

养雀笼西面

养雀笼东面

方外观正面

竹亭北面

海宴堂西面

海宴堂北面

海宴堂东面

海宴堂南面

远瀛观正面

大水法正面

观水法正面

线法山门正面

线法山正面

线法山东门

湖东线法画